Carl Neumann

Griechische Geschichtsschreiber und Geschichtsquellen im zwölften Jahrhundert

Carl Neumann

Griechische Geschichtsschreiber und Geschichtsquellen im zwölften Jahrhundert

ISBN/EAN: 9783743625570

Hergestellt in Europa, USA, Kanada, Australien, Japan

Cover: Foto ©ninafisch / pixelio.de

Weitere Bücher finden Sie auf **www.hansebooks.com**

Griechische Geschichtschreiber und Geschichtsquellen

im

zwölften Jahrhundert.

Studien

zu

Anna Comnena, Theod. Prodromus, Joh. Cinnamus

von

Dr. Carl Neumann.

Leipzig,
Verlag von Duncker & Humblot.
1888.

# Vorwort.

Die vorliegende Arbeit glaubt trotz ihres geringen Umfangs einer Vorbemerkung nicht entrathen zu können. Ein Ganzes von ausgeprägter Form verräth an sich selbst Interesse und Absicht, der es seine Entstehung verdankt. Was man hier finden wird, ist nur eine Anzahl scheinbar zufällig an einander gereihter Studien, die zudem, wie die Untersuchung über Theodorus Prodromus, nur einen Theil des vorgezeichneten Weges zurücklegen.

Man weiss, wie gering die Neigung ist, welche Philologen byzantinischen Studien entgegenzubringen pflegen, und kann sie nicht einmal darum schelten. Vielmehr, wenn man einen Vorwurf machen will, muss man ihn an die Historiker richten, die es sich so wenig angelegen sein lassen, den Bann von diesem Forschungsgebiet zu nehmen. Von den schroffsten Uebertreibungen und Schmähungen gegen das Byzantinerthum ist man zwar längst zurückgekommen; auffallend aber bleibt, zumal in unserer Zeit der Realpolitik, dass die Gewalt der historischen Thatsache, wir meinen: der Bestand des oströmischen Reiches durch ein volles Jahrtausend — keinen stärkeren Eindruck gemacht hat auf Anschauung und Urtheil moderner Historiker. Viele glauben immer noch, dass die lange Dauer jenes Staates als „Zufall in der Geschichte" angesehen werden müsse, gleich als läge Constantinopel auf der ultima Thule und hätte nicht der Reihe nach den Stössen der Gothen, Avaren, Saracenen, Russen, Bulgaren widerstanden und sich danach auf den Trümmern eines lateinischen Interregnums siegreich erneuert! Die Einsicht in Wesen und Mission dieses eigenthümlichen

Gebildes fehlt in weiten Kreisen. Während man darüber einig geworden, dass die Geschichtschreibung eines Tacitus und Sueton nicht ausreiche, eine Vorstellung vom ersten Jahrhundert der römischen Kaiserzeit zu geben, leidet die Auffassung der späten Jahrhunderte fortgesetzt unter der Voreingenommenheit, die theils Skandalschriften wie die Anecdota des Procop, theils die unerfreuliche Abgelebtheit der schönen Litteratur erzeugt haben.

Sehr zu wünschen bleibt bei alledem, dass die Philologen kräftiger Hand anlegen bei der so nöthigen Bearbeitung und Bereicherung dieses geschichtlichen Stoffes. Denn wenn auch Tafels unermüdlicher Eifer nicht ohne Nachfolge geblieben ist, und sehr dankenswerthe Beiträge von verschiedenen Seiten in Deutschland und Frankreich gekommen sind — die Bemühungen von Sathas unter den Nächstbetheiligten nicht zu vergessen —, so ist es doch lange noch nicht genug.

Aus historischen Studien, die das zwölfte Jahrhundert betreffen, haben sich die vorliegenden Aufsätze gesammelt. Die Wahrheit zu sagen, sind es bloss Analecten zu jenen, die das Beste erreicht zu haben meinen, wenn sie die Anregung geben, die aufgeworfenen Fragen einer umfassenderen Behandlung theilhaftig werden zu lassen. — Was die zum erstenmal hier mitgetheilten Stücke aus griechischen Handschriften italienischer Bibliotheken betrifft, so will ich nicht versäumen, an dieser Stelle Herrn Dr. Egenolff, Professor am Gymnasium in Mannheim, meinen besten Dank dafür abzustatten, dass er meine Abschriften vor und während der Drucklegung einer nochmaligen Durchsicht unterzogen hat.

Mannheim, im April 1887.

Dr. Carl Neumann.

Inhalt.

	Seite
Einleitendes über griechische Geschichtschreibung im 12. Jahrhundert. — Von den Ideen über Schicksal und Vorsehung	1—16
Anna Comnena und der politische Charakter der Alexias	17—28
Zwei Beilagen:	
1. Von der Composition der Alexias. Die Münchener Epitome	28
2. Byzantinische Dogmen- und Ketzerbücher	31
Theodorus Prodromus	37—53
Zwei Beilagen:	
1. Die Gedichte des Prodromus als Geschichtsquelle. Deutsch-griechische Beziehungen in der Zeit des zweiten Kreuzzuges	54
2. Christlich-heidnische Berührungen. Ein Brief des Theodorus Prodromus. Der Rhetor Nicephorus Basilaces	70
Johannes Cinnamus	78—102
Zustand der Ueberlieferung — Composition — Quellen — Persönlichkeit des Verfassers.	
Beilage: Bemerkungen über Nicetas Acominatus	103

Berichtigung.

Die beiden Verse aus Dante (S. 15) sind zu lesen wie folgt:
con Epicuro tutti i suoi seguaci
che l'anima col corpo morta fanno.

Einleitendes

über griechische Geschichtschreibung im 12. Jahrhundert.
Von den Ideen über Schicksal und Vorsehung.

Bei der Frage, wann die Epoche anzusetzen sei für das griechische Mittelalter, ist für das Jahr 600 unter anderem auch der Grund angegeben worden, dass von hier ab die Mönchschroniken, die mit der Erschaffung der Welt und Adam und Eva beginnen, an Stelle der antiken Historiographie getreten seien. Der Thatsache, dass man das Vorbild dieser christlichen Chroniken, weit zurückgehend bis in den Anfang des dritten Jahrhunderts, bei Sextus Julius Africanus[1]) zu suchen hat, entspricht die andere, dass auch nach jenem Zeitpunkt die alte Geschichtschreibung mit nichten ausgestorben ist. Sie fand Nachzügler, und was das für alle Zeiten Merkwürdige ist, Vertreter in allen ihren Titeln und Forderungen, vor allem in dem Anspruch, dass die Geschichtschreibung eine Kunst sei. Nicht als wäre nun noch ein zweiter Thucydides erstanden: dazu hatten sich alle Voraussetzungen zu sehr verändert, und überhaupt darf man sich hier einer Aeusserung Niebuhrs erinnern, der einmal gesagt nat, es habe nur drei grosse griechische Historiker gegeben: Thucydides, Philistus (der uns verloren ist) und Polybius. Die Entwicklung der Litteratur brachte es mit sich, dass dem allherrschenden Einfluss der Rhetorik auch die Ge-

---

[1]) Ueber ihn das Buch von Gelzer. Die obige Ansicht bei v. Gutschmid in den Grenzboten 1863 p. 330—347.

schichtschreibung nicht ausweichen konnte, wogegen doch Polybius aus tiefer Ueberzeugung ankämpfte. Wie sie nun wurde und sich behauptete, finden wir sie noch im sechsten christlichen Jahrhundert in aller Fülle ihres kunstvollen Apparats von Reden und Briefen, von Exkursen geographischen und ethnographischen Inhalts. Wir meinen bei Procop, dem Geschichtschreiber der Zeiten des Kaisers Justinian.

Und nach abermals sechs Jahrhunderten begegnet uns ein Nachahmer des Procop in Johannes Cinnamus, dem Geschichtschreiber der Comnenischen Glanzzeit im 12. Jahrhundert. Procop erinnert einmal, beim Triumph Belisars nach dem Vandalenkrieg, seit fast 600 Jahren sei diese Ehre keinem mehr zu Theil geworden, es sei denn Kaisern wie Titus oder Trajan, und so schreibt im 12. Jahrhundert Cinnamus, da ein Comnenenkaiser seinen Triumphzug hielt, seit den Tagen des Justinian oder Heraclius habe Constantinopel nichts ähnliches schauen dürfen.

Indem man diese Betrachtungen der zwei Geschichtschreiber sich vergegenwärtigt, fühlt man, da sie denn mehr als ein Jahrtausend umfassen, den ungebrochenen Zusammenhang der politischen wie litterarischen Tradition der Antike.

Irren wir nicht, so liegt in diesem Moment die eigentliche Bedeutung des sogenannten Byzantinerthums für das gesammte Mittelalter. Nachdem die constantinische Schöpfung eine neue Religion eingefügt hatte in die althergebrachten Formen des römischen Staatswesens, und der cherne Bau dieses Staates nach so vielen Stürmen auch diese Umwandlung ertrug und stehen blieb, ward es seine historische Rechtfertigung für die folgenden Jahrhunderte, nicht dass er sich schlechtweg behauptete, sondern dass er immer wieder einmal als ein wichtiges Element der allgemeinen Cultur sich geltend machen konnte. Das starr-bewegungslose, welches mit dem allgemeinen Urtheil — oder soll man sagen Vorurtheil? — über byzantinisches Wesen verknüpft ist, hat in nichts anderem seinen Grund, als in der Thatsache, dass gegenüber den nationalen Bildungen des Westens, die sich der Leitung des alten imperium entrissen hatten, die Antriebe auf politischem wie künstlerischem Gebiete hier an einer Stelle der Welt fortdauerten in der Richtung, die sie aus dem Alterthum überkommen haben. Um aber von der Geschichtschreibung im besonderen zu sprechen, einem einzelnen Theile des künstlerischen Vermächtnisses der Antike, so wird jeder, der gewohnt ist, sich mit unserer abendländischen mittelalterlichen Litteratur zu beschäftigen und dann etwa von Otto von Freising zu den griechischen Schriftstellern des 12. Jahrhunderts übergeht, einen ungeheueren Abstand empfinden. Wie unendlich viel fehlt unseren gelehrten Geistlichen, dass sie in der Kunst der Erzählung und allgemeinen Anordnung jene Griechen erreichen könnten! von der Uebung, politische Dinge zu begreifen, gar nicht zu reden. In allem mindestens, was den Charakter der bestimmenden Persönlichkeiten angeht, steht — so glaube ich — das Zeitalter der Comnenen so viel deutlicher und verständlicher vor uns, als das der letzten Salier und ersten Staufer.

Von einzelnen Vertretern der griechischen classicistischen Geschichtschreibung des 12. Jahrhunderts soll auf den folgenden Blättern die Rede sein. Von dem aber, was ihnen gemeinsam ist, wird es zur Orientirung dienen, gleich hier einleitungsweise einiges zu bemerken.

Das Jahrhundert der Comnenen verdankt sein Andenken drei grossen Geschichtswerken. Ihre Verfasser: Anna Comnena, Johannes Cinnamus, Nicetas Acominatus, sind berühmte Namen. Als der letzte von ihnen, der den Niedergang des Reiches hat schildern müssen, bei der Eroberung von Constantinopel durch die Franken angelangt, die Feder niederlegte, begleitet er dies mit den Worten: was solle er nun weiter „das Spiel der Musen" pflegen, wie sollte die „Historie, dies herrlichste Erzeugniss der Hellenen", die Thaten der Barbaren künden[1])!

Im Anfang des 13. Jahrhunderts Hellenen und Barbaren!

In einer Fastenpredigt mahnt einmal Eustath, der grosse Erzbischof von Saloniki: von einem Gott seien die Menschen erschaffen und aus einer Mutter, der Erde, gebildet und wenn

---

[1]) Nic. 767 f. Wo nichts anderes bemerkt wird, ist stets die Bonner Ausgabe gemeint.

der Barbar seine Hände zum Himmel hebe, erhöre Gott sein Gebet wie das eines Griechen[1]).

Eines aber darf uns der hellenisch-heidnische Glanz, der diese historische Litteratur des 12. Jahrhunderts umleuchtet, nicht übersehen lassen. Jene christlich zugeformte Ueberlieferung, von der gleich im Eingang die Sprache war, dauert auch in dieses Jahrhundert fort, und der ausgesprochene Gegensatz zur kunstmässigen Geschichtschreibung, in dem sie sich bewegt, lässt aufs deutlichste ihre Eigenart erkennen.

Wir sprechen von den Weltchroniken des Johannes Zonaras und Michael Glycas, Werken, die zu ihrem Haupttheil mit ausgiebiger Benutzung älterer Schriftsteller gearbeitet sind. Beide reichen bis zum Tod des ersten Comnenen Alexius (1118), und die originalen Mittheilungen, die Zonaras über die Regierung dieses Kaisers giebt, sind von ausserordentlicher Bedeutung. Sehr verdient nun aber die Einleitung dieser Chronik unsere Aufmerksamkeit. Zonaras schrieb sie im Kloster, wo er fern von der Hauptstadt und all der Würden ledig, die er dort bekleidet und dann niedergelegt hatte, zurückgezogen lebte. Nur das Zureden seiner Freunde, sagt er, habe ihn veranlassen können, sein Werk zu schreiben. Er hat dabei nichts im Auge, als ein nützliches, dem Gedächtniss des Lesers nicht eben zu beschwerliches Handbuch zu verfassen; es soll nicht zu kurz und nicht zu lang sein, vor allem aber ohne theologische oder militärische Exkurse, ohne Reden und gelehrte Auseinandersetzungen ($διαλέξεις$), Dinge, die doch zu nichts nützten und nur der Eitelkeit des Schriftstellers dienten. Glycas, jener andere Chronist, spricht sich in gleichem Sinne aus. Indem er ein Uebermass medicinischer, theologischer und anderer Gelehrsamkeit anzubringen weiss, hält er nicht minder für nöthig, im Eingang Kürze zu versprechen: denn die Menschen hätten einen Ekel vor der Eitelkeit derer, die gar zu breit erzählen[2]).

---

[1]) Eustathii opuscula ed. Tafel. 134 f. Nr. XV cap. 37—38.
[2]) Hierher gehört auch der Tadel des Georg Cedrenus (11. Jahrh.) gegen die monographische Behandlungsweise früherer Historiker. Hirsch,

Dies ist nun doch nichts anderes als eine Anklage gegen die heidnische Manier. Welches aber war diese Manier und ihre Eigenthümlichkeiten, so wie sie für die späten Zeiten, von denen wir sprechen, noch Geltung besassen? Procop erwähnt, da er von den Kriegen mit den Persern handelt, einen asiatischen Volksstamm, die Iberer, indem er sagt, sie seien Christen und beobachteten die Bräuche dieses Glaubens. Bei einem anderen Anlass, im Vandalenkrieg, liest man: im Frühjahr, als die Christen das Fest begingen, welches sie Ostern nennen[1]).

Ebenso sagt noch Johannes Cinnamus: Die Christen hatten Ostern; er wurde nach christlichem Ritus begraben u. s. f.[2]).

Eine Schreibweise, die im Munde und aus der Feder unzweifelhaft christlicher Schriftsteller nicht fremdartiger berühren könnte.

Hier ist nun an den fundamentalen Unterschied moderner und antiker Anschauungen zu erinnern. Der Autor von heute verbirgt sich nur schwer hinter seinem Werk. Damals aber stand die Kunst über dem Künstler, und die persönliche Originalität war die letzte Anforderung, die man gestellt haben würde. Wer hätte dem Panegyriker einen moralischen Vorwurf gemacht aus der Häufung der Schmeicheleien? Nicht alles, was der Schriftsteller sagte, war auch seine Meinung und Ueberzeugung. Miene und Faltenwurf war von der Ueberlieferung beherrscht und gebunden. Aus so beschaffenen Werken die Physiognomie ihres Autors zu erkennen, die Grenze zu finden zwischen dem durch den Zweck vorgeschriebenen, dem affektirt-konventionellen und dem wahrhaft persönlichen,

---

Byzantinische Studien p. 118. Cedrenus will bei der Benützung jener Quellen ausscheiden, „τὰ ἐμπαθῶς ἢ καὶ πρὸς χάριν λεχθέντα", sodann „ὅσα ἐγγὺς ἐρχόμενα εὕρομεν τοῦ μυθώδους". Man sehe in der Bonner Ausgabe p. 1 ff. die in die Anmerkung gesetzte Stelle des Cod. Coisl.

[1]) Τὰ νόμιμα τῆς δόξης ταύτης I 56 f., I 469; ähnliche Stellen gesammelt bei Dahn, Procop v. Caesarea 191, Teuffel, Studien und Charakteristiken, p. 224.

[2]) Cinn. 151. 159. 211. 276. So auch im Timarion c. 29 (Not. et extr. des MSS. IX) neben dem Heidenthum ἡ Γαλιλαίων δόξα.

ist schwierig. Ich meine doch, es gehe nicht wohl an, beispielsweise die Autorschaft des Procop an den Anecdota zu verdächtigen, blos weil die Anerkennung der Aechtheit uns Modernen ein psychologisches Räthsel aufgeben würde.

Wir wollen an dem Schriftsteller die persönliche Wärme nicht missen und tadeln die Farblosigkeit; die Antike aber würde auf schärfste die Formlosigkeit getadelt und als Mangel an Klarheit erkannt haben.

Soviel, damit man auch diese späten Autoren nicht allzu wörtlich nehme und aus dem, was sie schreiben, ihr Gewissen ergründen wolle. Das künstlerische Ideal, das ihnen vorschwebt, gehört der heidnischen Litteratur an.

Auf alle Fälle ist es merkwürdig genug, dass selbst im 12. Jahrhundert die ästhetischen Fragen des Stils nicht ganz verstummt sind. Man wird mit Interesse eine Stelle aus Eustath anhören, wo er über den Unterschied zweier Arten von Geschichtsdarstellung handelt: ἱστορία und συγγραφή[1]).

Die Historie, so führt Eustath aus, muss ohne Pathos geschrieben sein (ἀπαθῶς). Diese Gemüthsruhe nun äussert sich nach zwei Seiten, inhaltlich und der Form nach. Einmal wird man bemüht sein, den Ereignissen ihre Motivirung anzuschliessen; man muss über göttliche und natürliche Ursachen und Beziehungen reden, sich auch, da man nicht selbst dabei war, in mannigfachen Vermuthungen ergehen. Sodann wird man geographische Bemerkungen und Schilderungen einflechten, vor allem aber — und das ist das andere — die Sprache dem Ohr wohlgefällig machen und mit schönen Phrasen schmücken (wörtlich: schminken, ψιμιθιώσει πρὸς κάλλος), da es sich denn darum handle, die Gelehrsamkeit zur Schau zu stellen und die Eitelkeit zu befriedigen (οὐκ ἄκαιρος φιλοτιμία). — Dagegen die συγγραφή[2]) erfordert zunächst und als wesentliches Element das

---

[1]) Eustathii opuscula ed. Tafel 267; auch deutsch in Tafels Comnenen und Normannen 73 ff.

[2]) Als συγγραφή bezeichnete Eustath seine Beschreibung der Eroberung von Saloniki durch die Normannen, deren Eingang die obige Stelle entnommen ist. Auch die Historie des Nicetas würde nach dieser Definition in den späteren Büchern immer mehr den Charakter einer συγγραφή annehmen.

Pathos. Zwar, wenn ein Laie sie schreibt, dürfe er wohl all jener Eigenschaften der Historie zugleich sich bedienen; einem geistlichen Schriftsteller aber stehe dies weniger an. Denn wie sollte ihm zu dem finsterblickenden πάϑος der Putz der Rede stimmen? Dies wäre ein „Tänzeln in der Trauer". Ja selbst das Pathos müsse ein Geistlicher mehr dämpfen als ein Laie, da ihn die Dankbarkeit gegen Gott seine Klagen zähmen heisse. So sei denn für die συγγραφή das richtige, mit tragischer Miene und Pathos zu beginnen; wenn dies beruhigt sei, die Geschehnisse zu erzählen, wobei nicht zu versäumen ist, das Unglück als Strafe für die Sünden der Menschheit darzustellen (ἐκϑέοϑαι ἁμαρτητικὰς αἰτίας, ὧν ἕνεκεν τὰ δεινά, was dem „peccatis nostris exigentibus" der abendländischen Mönchslitteratur entspricht), zum Schluss eine Moral in paränetischer Form. Soweit die συγγραφή; das Ziel aber hat sie mit der Historie gemeinsam, welches ist die Wahrheit des Dargestellten. — Dies also würde den Unterschied machen gegen die Gattung der Lobrede, die die guten Seiten bewusst auslesen müsse und die schlechten zurechtfärben [1]).

Eine lange Auseinandersetzung, die doch sehr viel mehr ist als die theoretische Vergnügung eines gelehrten Antiquars. Die Historiographie des 12. Jahrhunderts liefert die Beispiele zu diesen Regeln; das Gefühl ist in ihr lebendig, dass sie nicht eben blos nützliche Handbücher hervorzubringen habe, sondern Kunstschöpfungen, die ihre Rechtfertigung in sich selbst finden und ihrem Schöpfer Ruhm einbringen. Gleich im Eingange sagt Cinnamus, auf die Alten verweisend, Geschichte zu schreiben sei ihnen ein edler Ehrgeiz gewesen (οὐκ ἀφιλότιμον), und Nicetas hat die höchste Meinung von seiner Aufgabe: ihm ist die Geschichte nichts weniger als das Buch der Lebenden und eine Posaune, welche die Todten auferweckt. Die ihr eigenen Formgesetze zu beobachten, ist ihr eine gegenwärtige Pflicht. Wenn es für Chronisten wie Zonaras nur eine Ordnung und Rücksicht giebt: die Chronologie, und er wohl sich entschuldigen zu sollen meint, da er einmal ein Ereigniss vorgreifend berichtet, so schweben der kunstmässigen Geschichtschreibung

---

[1]) ibid. cap. 10.

Rücksichten anderer Art vor in dem Sinne, wie wir sie bei Eustath formulirt finden. Man trifft es einmal bei Anna Comnena, dass sie sich tadelt, weil sie in zu starkes Pathos verfallen sei. Sie weiss, dass die Historie kein Pathos duldet[1]).

Indem wir, an dieser Stelle angelangt, die Fortdauer einer antikisirenden Geschichtschreibung bereits erkannt haben, ist hiernächst einer Wechselwirkung eigenthümlicher Art zu gedenken, die jene Thatsache erst völlig erklärt. Die Fülle heidnischer Elemente, die sich innerhalb der Historiographie wie der gesammten übrigen Litteratur erhielt wie in einem Asyl, konnte nicht anders als von hier auf das Leben zurückwirken. Nicht weniger aber haben die äusseren Formen des Daseins an sich selbst so viel aus dem Alterthum bewahrt, dass sie jenen Neigungen eine fortdauernde Nahrung und Ermunterung zukommen lassen.

Ohne ein Gefühl der Ketzerei machen sich diese Einflüsse geltend, und wenn Eustath einmal davon redet, dass der evangelische Mann auch auf den Fluren der Heiden lustwandle, um dort gleichsam von den wilden Feldblumen Honig zu holen, so ist dies ein Vergleich, dessen sich die heidnische Litteratur nicht eben zu schämen brauchte[2]). In dieser unauflöslichen Verknüpfung der Lebensbedingungen heidnischer Formen und heidnischen Inhalts zieht ein Punkt unsere besondere Aufmerksamkeit auf sich. Erinnern wir uns noch einmal jener längeren Anführung aus Eustath, da, wo er es als eine der wichtigsten Verpflichtungen des Historikers bezeichnet, die natürlichen oder göttlichen Ursachen des Geschehenden aufzuzeigen. Wie die Geschichtschreiber des 12. Jahrhunderts dieser Aufgabe nachgekommen sind, von welchen Anschauungen ausgehend und auf Grund welcher vorangegangenen Entwicklung — dies darlegen zu können, würde sehr zu unserer Sache ge-

---

[1]) A. C. II 333: μονωδεῖν με τὸ ἐπὶ τούτῳ πάθος ἐκβιάζεται, ἀλλ' ὁ τῆς ἱστορίας νόμος ἐκεῖθεν αὖθις ἀπείργει. II 366: θεσμοὶ ἱστορίας. Cinnamus 266 und 291: νόμοι ἱστορικοί. Nicetas 638: μή πως τὰ πλείω κατηγορεύων ἁλῶ εἰς ψόγον τὴν ἱστορίαν διατιθέμενος. 643: er erging sich in einer Rede μηδαμῶς ἱστορίᾳ δοθῆναι πρέπουσαν.

[2]) Eustathii opuscula, in der Fastenpredigt cap. 15.

hören. Denn wenn irgendwo, zeigt sich in diesen Fragen, wes Geistes Kind der Historiker ist.

Ich bedauere, dass ich nicht im Stande bin, so wie es der Bedeutung der Frage würdig wäre, im einzelnen darzulegen, wie sich von Herodot an zu Polybius und von da zur späten Antike die Anschauungen darüber gebildet und geklärt, um- und rückgebildet haben[1]). Indem aber im allgemeinen die Richtungslinie kenntlich ist, bleiben wir bei Polybius und Procop einen Moment stehen.

Bei Polybius war es ein Hauptgedanke, das Unbegreifliche zurückzudrängen und den natürlichen Zusammenhang klarzulegen; wunderbar frei von der Superstition, mit der das Griechenthum sich zu erfüllen begann, erblickt er für das freie menschliche Thun eine weite Bahn offen; das Schicksal ($\tau\dot{\nu}\chi\eta$) erscheint als eine Art oberster Ursache. Durchaus aber liegt der Nachdruck auf der selbstgewissen Bewegung menschlicher Kräfte. — Auf dieser Höhe konnte sich die Geschichtschreibung nicht behaupten. Vielmehr ward sie von dem allgemeinen Process der Zersetzung und Vermischung altüberlieferter Religionen mitbetroffen, innerhalb dessen dann das Christenthum emporkam. Da nun die neuerstehende Religion nicht minder jenen rationalistischen Ideen entgegen war, die in Polybius lebten, als seinen späteren befangeneren Nachfolgern, wie hätte sich darnach die Geschichtschreibung ohne Zögern dem Radikalismus eines Euseb oder Augustin in die Arme werfen sollen? Sie würde sich, da sie noch bei Kräften und Ansehen war, die Berechtigung ihrer Existenz geschmälert, wenn nicht gar abgesprochen haben.

Hier nun mögen folgende Bemerkungen diese Betrachtung weiterleiten. Sie sind dem Procop entnommen.

Den Einzug des Belisar in Ravenna begleitet dieser Geschichtschreiber des sechsten Jahrhunderts mit der Betrachtung, weder Talent noch Truppenmacht noch Tapferkeit vermögen etwas zu vollbringen. Denn an diesem unerwarteten Ereigniss

---

[1]) Manches in dem schönen Aufsatze von Lehrs, Dämon und Tyche (populäre Aufsätze aus dem Alterthum); Rohde, Der griechische Roman, an verschiedenen Stellen, besonders p. 276 ff.

werde es offenbar, dass ein willkürliches Geschick über den Dingen walte. Und nicht minder deutlich spricht er sich bei einer anderen Gelegenheit aus, wo er seinen Unglauben bekennt, dass Gebet oder Gelübde an die Gottheit eine Aenderung des einmal Bestimmten herbeiführen könne; indem er von einer barbarischen Völkerschaft erzählt, die daran glaubt, entschuldigt er diese thörichte Meinung damit: $\varepsilon i\mu\alpha\varrho\mu\acute{\varepsilon}\nu\eta\nu$ οὐκ ἴσασιν, sie kennen nicht die Macht des Schicksals[1]).

Scheint dies nun nicht ein gar zu handgreiflicher Widerspruch gegen die christliche Lehre? Da er sie doch zweifellos anerkennt, und dies nicht nur in den Grundsätzen ihres Glaubens, sondern auch in der christlichen Unterwerfung unter die dunkelen Rathschläge Gottes. Bei der Eroberung und Plünderung Antiochias durch die Perser ist der Schluss seiner Betrachtung: die Ursache, warum dies habe geschehen dürfen, sei verborgen; doch sei nicht zu zweifeln, dass bei Gott alles nach der Vernunft geschehe. — Wie eine so seltsame Mischung von Anschauungen in einem Kopfe Platz finden konnte, hat immer Verwunderung erregt. Ranke hat zuletzt geäussert[2]), von dem Conflict der Vorstellungen, welche aus dem Alterthume stammen, mit den emporkommenden christlichen Ideen stelle sich in Procop gleichsam eine Uebergangsform dar. „Indem er das Entgegengesetzte vereinigt, geräth er in eine Confusion von Begriffen, die beiden Welten angehören." Es ist aber diese Confusion nicht ausschliesslich ein Gegensatz lebendiger und widerstreitender Anschauungen, sondern manches mag sich entsprechend dem, was wir zuvor über das Persönliche in der antiken Schriftstellerei gesagt haben, aus formalen Gesichtspunkten erklären.

Den überlieferten Apparat von Motivirungen und transcendenten Beziehungen, wie er nun einmal der Historiographie anhaftete, alsbald durch ein neues System zu ersetzen, war nicht zuletzt eine tektonische Verlegenheit und Unmöglichkeit. Die Historie meinte für ihre Peripetien ohne die heidnische

---

[1]) Dahn 221. Die Stellen bei Procop II 270, II 334 f. und die folgende I 195.

[2]) Im vierten Theil der Weltgeschichte.

τύχη sich ebensowenig behelfen zu können wie der Roman für die seinen ohne Orakel und Götter. — Dem Bedürfniss, das Uebernatürliche zu allen Thüren der Welt einzulassen, welches das spätere Alterthum in immer steigendem Masse empfand, hatte die Auflösung des Göttlichen in das Dämonische entsprochen. Die Geschichtschreibung hatte sich dieser Ideen und Formeln bemächtigt und gedachte nicht, sie der hochthronenden christlichen Vorsehung zu opfern. Es war, als wenn ihr die unteren Instanzen gefehlt hätten. Im Grunde steht auch die Geschichtschreibung des 12. Jahrhunderts auf diesem Standpunkte. Nur dass im Laufe der dazwischen liegenden Jahrhunderte eine reichliche Rüstkammer heidnischen Aberglaubens, worin sich die spätantiken Ideen von dem sympathetischen Zusammenhang der Menschengeschicke mit den Thatsachen des Weltengangs niedergeschlagen hatten, in christliche Formen gegossen und so neu legitimirt worden war. — Träume, Erscheinungen, Prophezeiungen, Verwünschungen, Orakel spielen eine erstaunliche Rolle und beeinflussen auf das stärkste Denken und Thun der Menschen. Anna Comnena, Cinnamus und Nicetas liefern zu gleichen Theilen dafür die Belege, und es giebt nur einen Aberglauben, den sie verpönen, die Astrologie[1]) Im ganzen genommen hat Nicetas am meisten von einer christlich-religiösen Färbung, am wenigsten aber Cinnamus. Nirgends so wie in den Fragen über Schicksal und Vorsehung tritt seine Abhängigkeit von Procop deutlich zu Tage. Während er wiederholt das Walten der Vorsehung hervorhebt,

---

[1]) Nicetas führt die Astrologie als Ketzerei auf (Ethnophronie) in seinem theologischen Werke, von dem später die Rede sein wird. Die Stelle gedruckt: maxima biblioth. veterum patrum Lugd. XXV p. 146 D; eine schöne Stelle bei Glycas 50 f.; einiges über Prophezeiungen zusammengestellt in der Einleitung von Legrand, Les oracles de Léon le sage (coll. de monuments p. s. à l'étude de la langue néohellénique, nouv. série n°. 5. Paris 1875). Im allgemeinen Maury, la magie et l'astrologie dans l'antiquité et au moyen âge. Paris 1860. H. Constantin Sathas macht mich eben in Venedig auf eine durch ihre Beweisgründe höchst merkwürdige Vertheidigung der Astrologie durch Kaiser Manuel (MS. der Marciana) aufmerksam, zu deren Veröffentlichung er bald Gelegenheit finden möge.

kann er doch auch der *τύχη* nicht ausweichen, und indem er gegen diese Vorstellung ankämpft, anerkennt er ihre Gewalt. Hier finden sich dann Aeusserungen, die wörtlich an Procop erinnern[1]).

Die Thatsache, dass in einem wie für die Geschichtschreibung, so für das gesammte Leben wichtigen Punkte die Discussion noch im 12. Jahrhundert eine offene war, wird uns bestätigt durch zwei Schriften des Theodorus Prodromus, worin Vorhandensein und Walten einer Vorsehung auf eine mannigfach interessirende Weise erörtert wird. Der Autor, ein armer Litterat, hütet sich wohl, auf ketzerischen Bahnen zu wandeln; wer aber den folgenden Auszügen Aufmerksamkeit schenkt, wird empfinden, dass das Herz des Mannes nicht immer auf der Seite seines Bekenntnisses steht.

Prodromus beginnt mit der Meinung seiner Gegner[2]). Durch die Freude an Geld und Besitz sind wir so verdorben, dass, wenn wir nicht gleich an dem Goldflusse Pactolus sitzen, wir überhaupt an keine Vorsehung glauben mögen. Daher denn die Klage: *τύχη τὰ θνητῶν πράγματα*[3]), alles in der Welt ist Zufall. Wo ist die Vorsehung, wenn der Sohn eines Krämer- oder Fischweibes, ein roher Tölpel später auf der Strasse daher stolzirt, mit Pferden und Maulthieren und einer glänzenden Wohnung prahlen kann, ein anderer aber, und leite er sein Geschlecht von Codrus her und wäre er bei Plato in die Schule gegangen, nicht einmal den Luxus eines Maulthieres sich gestatten darf? ein hässlicher russiger Kerl bekommt ein hübsches Weibchen, Hephäst eine Aphrodite, und ein Adonis eine triefäugige Alte!

Dagegen sagt Prodromus: wir mögen diesem Leben absterben; was ist aller Reichthum des Midas gegen das Lachen

---

[1]) Cinn. 214: *ἀλλὰ ταῦτα ὥς πη φίλον ἑκάστῳ νομιζέσθω* nach einer Bemerkung über *τύχη* und *πρόνοια*. Die bei Procop so häufige und an Herodot erinnernde fatalistische Wendung: *ἔδει γενέσθαι κακῶς* bei Cinn. 25 lin. 12; 166 lin. 21; 209 lin. 21; 232 lin. 14.

[2]) Notices et extraits des Manuscrits de la bibl. impériale VIII 82 ff.: *περὶ τοὺς διὰ πενίας βλασφημοῦντας τὴν πρόνοιαν.*

[3]) Ueber dieses Citat Rohde, Griech. Roman p. 279 Anm. 1 und 280 Anm. 3.

des Democrit, was die Weltherrschaft des Macedoniers gegen die Ungenirtheit des Diogenes, und geht die Freiheit des Solon nicht über die Schätze des Crösus, die ihn doch vor dem Tod nicht retten konnten? Denn die Seele ist unsterblich und es giebt eine Vergeltung. Die Harmonie der Welt beruht auf der Ungleichheit der einzelnen wie in der Musik auf dem Zusammenklang der hohen und tiefen Töne. Alles in der Welt ist Schein wie auf einer Bühne, und unser Erkennen trägt nicht weit, so dass wir uns wohl oder übel zufrieden geben müssen.

Der demüthige Schluss ist ein Gebet an die Vorsehung. Herrin, bewege im Kreise den Aether, balle die Wolken und spende den Regen, strafe die Bösen und schone auch nicht der Guten; mache reich auch von den Bösen viele, damit sie die Güter in diesem Leben geniessen, setze auf den Thron einen diocletianischen Herrscher, auf dass Märtyrer die Krone empfangen, und lenke alles nach deiner Weisheit. Uns aber lass, wenn es denn nicht angeht, als Gelehrter im Reichthum zu leben, bei den Büchern hungern; ist es aber möglich, so komme beides von dir.

War hier die Absicht des Schriftstellers ausdrücklich gegen die gerichtet, welche die Vorsehung schmähen oder leugnen, so wird man ihn im Folgenden selbst mit seinen Klagen bei der Vorsehung vorstellig finden [1]).

Er beginnt hier mit dem Glaubensbekenntniss, von den Propheten und von Paulus habe er Gott als den Grund des Reichthums, der Weisheit und Erkenntniss verehren gelernt. Die Vorsehung ist ihm offenbar aus den Bahnen der Gestirne, dem Wechsel der Zeiten u. s. f. Denn wenn schon ein Schiff verloren sei ohne Steuermann und ein Pferd ohne Zügel dem Abgrund zurenne, wie sei erst das Weltall zu begreifen ohne Lenker? So steht denn fest, Christus ist der Urgrund alles Geschehens. Aber — so fährt nun Prodromus fort — aber da ich nicht hinabschauen kann in die Tiefe noch die dunkeln Pfade

---

[1]) Σχετλιαστικοὶ εἰς τὴν πρόνοιαν gedruckt in κυροῦ Θεοδώρου τοῦ προδρόμου ἐπιγράμματα κ. τ. λ. Basileae ap. Jo. Bebelium 1536. Das erste Stück in Prosa, dieses ein Gedicht im 12silbigen politischen Vers.

erkennen, so seufze ich über den Wechsel der Dinge und grolle der Vertheilung des Lebensglücks. — Es folgt diesem eine lange, heftig erregte Schilderung des Weltlaufes: wieder die Klage über Armuth und Verachtung der Gelehrten, und den Stolz des Parvenuthums, dieser Abkömmlinge von Steinklopfern, Tuchwalkern und Gerbern und dem ganzen übrigen ὄχλος τῆς βαναυσίδος τύχης, die sich Häuser bauen, thessalische und arabische Pferde halten und von einer Schaar Begleiter umringt wie ein Herrgott auf der Strasse stolziren. Nur durch die offenbare Ungerechtigkeit und Verkehrtheit in der Welt sei es zu erklären, dass die Hellenen nicht mehr an eine Weltlenkung geglaubt und alles für Schicksal und Zufall (τύχη, αὐτόματον) gehalten haben, was sie denn verhinderte, die allerweiseste Vorsehung zu erkennen!

Aber Prodromus ist mit seiner Erkenntniss um nichts glücklicher und wünscht sich den Tod. Er schliesst mit einer leidenschaftlichen Apostrophe. Indem er nicht weiss, ob er sich mehr an den weinenden Heraclit oder an den lachenden Democrit halten soll oder an das Wort der Epistel Johannis, dass die Welt im Argen liege, möchte er auf dem Parnass stehen und in die Welt rufen können: Goldanbeter, wo irret ihr umher? mit dem Reichthum mehret sich die Schlechtigkeit. Der Purpur ist von einem Hund gefunden worden, und die Perle ist die kranke Frucht einer Muschel; von der Erde ist all das Eure und Erde betet ihr an. „Doch schweige, mein ungestümer Mund! Den Abgrund der Rathschlüsse Gottes zu betreten, wagt selbst ein Paulus nicht."

Die Ideen des Christenthums, des wahren und innerlichen, hatten einen schwierigen Stand. Die hochentwickelte materielle Cultur der städtischen Centren, wie sie das griechische Reich besass, war ihnen entgegen.

Aber sehen wir von den allgemeineren Gründen ab und bleiben noch einen Augenblick auf dem litterarischen Gebiete stehen. Die Gründe, mit denen Prodromus die Vorsehung vertheidigt, stammen doch nicht alle aus Paulus und den Propheten. Wenn er aus der Gesetzmässigkeit in der Natur und aus dem Vergleich mit einem Schiff ohne Steuermann Dasein und Walten der Vorsehung beweisen will, so wird man doch sehr an die unglückliche Vertheidigung der πρόνοια erinnert, die der Stoiker Timocles in Lucians Jupiter tragoedus gegen den Epikureer Damis führt. Indem aber Prodromus sein christliches Rüstzeug durch stoisches zu verstärken glaubt und die Epikureer tadelt, dass sie die ἀκυβερνησία der Welt lehren —

τίς — wenn nicht die πρόνοια — τὴν καθ' ἡμᾶς οὐσίαν
σοφῶς κυβερνᾷ τὴν πολυτροπωτάτην;
κἂν τὴν Ἐπικούριον ἀδολεσχίαν
λέληθε ταῦτα, καίπερ οὐ λαθεῖν δέον —

neigt er in seinem Herzen nur zu sehr auf die Seite seiner Gegner und unterstützt ihre Klage[1]). Die heidnische Philosophie ist noch immer lebendig in den Geistern.

150 Jahre später verdammt Dante die Epikureer in die flammenglühenden Gräber seiner Höllenstadt,

con Epicuro tutti; suoi seguaci
che l'anima col corpe morta fanno (inf. X 14 f.).

Wenn ein Zusammenhang ist zwischen der italienischen Renaissance und der Eroberung von Constantinopel durch die Türken, so wird man ihn auch hier finden.

---

[1]) Wenn Prodromus zum Beweis der Ungerechtigkeit in der Welt anführt, Socrates sei von den Elfern verurtheilt worden, Meletos aber gehe frei umher, so findet sich das nämliche in den Reden des Cyniscus im Jupiter confutatus. — Man gestatte noch ein paar Worte über folgende Stelle:

οἶδα προνοίας ἔργα καὶ τὰ τῶν κάτω,
τοὺς γὰρ πρὸς αὐτῷ τῷ σεληναίῳ κύκλῳ
ἱσταῶντας αὐτὴν μηδ' ἐπεισκυλητέον.
(ἐπεισκυλέω Nebenform von ἐπεισκυλίω oder ist ἐπεισκυκλητέον zu lesen?)

Diese Meinung, dass der Machtbereich der Vorsehung bei der Sphäre des Mondes ende und dass ihr die Dinge hier unten zu kleinlich und unwichtig seien, habe ich auch bei Eustath erwähnt gefunden (opusc. 206 § 44). Sie stammt von Aristoteles und findet sich dann namentlich bei christlichen Schriftstellern wie Clemens und Origenes (ein Nachweis, den ich H. Prof. Rohde danke), Diels, Doxographi graeci p. 131, Anm. 2.

Wir sind ein wenig seitab gerathen von dem Gegenstande unserer Betrachtung, der griechischen Geschichtschreibung des 12. Jahrhunderts. Von wo man sich immer diesem merkwürdigen byzantinischen Wesen nähern mag, man trifft auf das grossartige Schauspiel einer alten, mit den Kräften der Verzweiflung um ihr Dasein kämpfenden Cultur. Als sie in der Mitte des 15. Jahrhunderts unterlag und den letzten Rest ihrer weltlichen Herrschaft verlor, war es nur, um desto sicherer die Welt für sich zu erobern.

Anna Comnena
und der politische Charakter der Alexias.

Wenn man mit Grund über die geringe Aufmerksamkeit klagen kann, die den Byzantinern gewidmet wird, so ist für Anna Comnena seit langem eine Ausnahme gemacht worden. Eine Prinzessin des kaiserlichen Hauses, geboren in einem bedeutsamen Wendepunkte der Geschicke des Reiches, Zeugin der grossen Völkerbewegung, die darnach im ersten Kreuzzug an Constantinopel vorüberfluthete, schliesslich die Hauptquelle des Andenkens jener Zeiten, da sie für fast 40 Jahre deren Geschichte geschrieben hat, ist sie der Gegenstand vielseitiger Beachtung geworden. Als vor bald 100 Jahren auf dem deutschen Büchermarkt eine „allgemeine Sammlung historischer Memoires vom 12. Jahrhundert bis auf die neuesten Zeiten" erschien, herausgegeben von „Friedrich Schiller, Professor der Philosophie in Jena", war das erste Stück darin die Alexias der Anna Comnena[1]).

Das Geschichtswerk der Anna Comnena schliesst mit dem Tode ihres Vaters, des Kaisers Alexius (1118). Sie war damals 35 Jahre alt. Die Regierung ihres Bruders, des Kaisers Johannes und die Anfänge ihres Neffen, des Kaisers Manuel, die

---

[1]) Einige Bogen der Uebersetzung rühren von Schiller selbst her. Ueber die „Prinzessin Comnena" äussert er sich vom Standpunkte seiner Zeit sehr abfällig: der Geist einer solchen Schriftstellerin gebe immer eine schlechte Gesellschaft. — Man sehe in der Einleitung von Goedeke (hist.-krit. Ausgabe, 9. Theil) p. XIV f. und die Anmerkung S. 186. Nicht ohne Interesse ist eine Anzeige in der Berlinischen Monatsschrift, Nov. 1791.

in die zweite Hälfte ihres Lebens fallen, hat sie nicht beschrieben. Eine Lücke der historischen Ueberlieferung, die nicht ausgefüllt worden ist. Als später eine jüngere Generation den Griffel in die Hand nahm, um die Thaten Manuels zu verzeichnen, ward der Regierung des Johannes als einer zurückliegenden und in Schatten sinkenden Zeit nur einleitungsweise gedacht[1]). Auf die Frage, warum Anna Comnena, die Kennerin und berufene Darstellerin jener Zeiten, ihr Buch nicht über den Tod des Alexius hinaus hat fortsetzen mögen, wird uns ihr Leben und der Charakter ihres Werkes die Antwort geben.

Geboren ist Anna Comnena[2]) als das älteste Kind des Alexius und der Irene Ducaena. Die Verbindung, der sie ihr Dasein verdankte, war durchaus auf politische Berechnung und Nöthigung gegründet. Es verhielt sich aber damit folgendermassen. Nachdem um die Mitte des 11. Jahrhunderts bereits ein Comnene die Krone getragen hatte, ging sie nach dessen Abdankung an das Haus der Ducas über; — sodann zum Spielball eines wechselnden Frauen- und Generalsregimentes entwürdigt, ward der goldene Reif von Alexius Comnenus ergriffen, einem Neffen jenes früheren Comnenen. Vielleicht hätte es nur eine Usurpation unter vielen bedeutet und den augenblicklichen und vergänglichen Erfolg eines verwegenen Spielers, wäre nicht Alexius des Einverständnisses der mächtigen Familien der Ducas und Paläologen versichert gewesen. Dass er Kaiser wurde, musste er damit bezahlen, dass er eine Ducas zur Frau zu nehmen versprach: auf keine andere Weise glaubten diese Familien ihren Einfluss behaupten zu können. Noch aber war die Wittwe der beiden Vorgänger auf dem Kaiserthron, Michael Ducas und Nicephorus Botoniates, am Leben, Maria, die von Michael Ducas einen Sohn hatte, Constantin. Einen Moment

---

[1]) Griechische Bibliothekscataloge des XVI. Jahrh. (R. Förster, De antiquitatibus et libris MSS. Constantinopolitanis commentatio, p. 23 u. 29) erwähnen „Geschichten der Comnenen" ohne Hinzufügung eines Autornamens. Ob dies nun eine Compilation aus bekannten Schriftstellern oder ein originales, uns verlorenes Werk bedeutet, muss einstweilen unentschieden bleiben.

[2]) In der Frühe des 2. Dezember 1083, an einem Samstage. I 295.

befürchtete man, Alexius werde sie der Ehre würdigen, zum dritten Mal Gattin eines Kaisers zu sein, und seine Mutter schien es zu unterstützen. Wie viel unabhängiger würde ihn das gemacht haben! Aber genug, er durfte es nicht wagen: Alexius heirathete der Absprache gemäss die 15jährige Irene Ducaena. In der Nähe jener Maria nun, deren Stellung von da ab eine zweideutige wurde, ist Anna Comnena emporgewachsen neben Constantin, und die beiden Kinder wurden mit einander verlobt[1]). Es hat seinen guten Grund, wenn Anna von hier ab den Beginn ihrer Leiden rechnet[2]). Jener Knabe Constantin galt als der nächstberechtigte Erbe des Thrones; ihn schmückten die kaiserlichen Purpurstiefel, und sein Name stand unter den kaiserlichen Urkunden mit Purpurfarbe hinter dem des Alexius geschrieben. Bei den öffentlichen Acclamationen ward Anna mit ihrem Anverlobten unmittelbar nach dem Kaiserpaar genannt. Aber Constantin starb früh, ehe man an eine Heirath denken konnte, und Anna Comnena, die alle diese politischen Geschichten ihrer Kindheit nur von Hörensagen kennt, ward, als sie in die Jahre kam, mit Nicephorus Bryennius verheirathet, dem Enkel[3]) eines Mannes, den Alexius im Auftrag seines Vorgängers bekämpft, besiegt und — wie

---

[1]) Derartige Verlobungen in früher Jugend sind am byzantinischen Hofe gewöhnlich. Wie sehr sie der Ausdruck momentaner politischer Kombinationen sind, geht aus einem merkwürdigen canonischen Decret des 12. Jahrhunderts hervor, wonach bei gewissen Verwandtschaftsgraden die Heirath zwar verboten, die Verlobung aber erlaubt wurde, weil sie noch kein τέλειος γάμος sei. Leunclavius, Jus gr.-rom. I 217. Bei Cinnamus 287 ein Fall, wo erst bei der Heirath der τόμος συγγενείας eingewendet wird. — Uebrigens waren Irene, Annas Mutter, und Constantin Ducas Vettern zweiten Grades.

[2]) οὔπω τὸν ὄγδοον ὑπερελάσασα χρόνον I 136 ff., II 291.

[3]) Dieser Meinung sind Possinus und Ducange (notae zu Niceph. Br. 175 und Anna C. II 563), obwohl Zonaras ed. Dindorf IV 240 ihn den ältesten Sohn des Prätendenten nennt. In der That muss man in dieser Sache Anna mehr Glauben schenken, die erzählt, der Prätendent sei mit seinem Sohne geblendet worden, und ihren Gemahl ἀπόγονος von jenem nennt (II 11). Ob ἀπόγονος unter allen Umständen „Enkel" bedeutet, weiss ich nicht. Stephanus giebt keine genügende Auskunft.

dies die übliche politische Justiz war, der Strafe der Blendung überliefert hatte. An den politischen Gründen der Vermählung wird kein Zweifel sein: es war ein Versuch der Aussöhnung mit einer feindlichen Familie. Sollten aber damit Annas Aussichten auf die Krone, die ihr, da sie noch ein Kind war, verheissen schien, endgültig beseitigt werden? Die Entwickelung der Dinge unter dem Regiment des Alexius brachte es dazu, dass eine Parteischeidung eintrat, die wir näher ins Auge fassen müssen.

Was in einem 50jährigen Niedergang das Reich der Auflösung nahe gebracht hatte, war der Gegensatz der Hofpolitik in der Hauptstadt und der Armee im Feldlager. Indem Alexius zugleich durch die Armee und die Unterstützung der in der Hauptstadt mächtigen Familien emporkam, würde er seine unabhängige Kaisergewalt doch nicht haben behaupten können, wenn er sie fortwährend durch Zugeständnisse an die Begründer seiner Macht erkaufen musste. In dem Bestreben, alle Machtbefugnisse dauernd und zweifellos in seiner Hand zu vereinigen, fand er seine Gegner in der eigensüchtigen Familienpolitik, die nicht so kampflos den Platz zu räumen gedachte. Die Kaiserin stand gegen den Kaiser.

Es ist nicht leicht, die Regierung des Alexius zu würdigen, da sie denn fortwährend von Schwierigkeiten der äusseren Politik und Reibungen im Innern erfüllt ist, die das Urtheil durch ihre Vielgestaltigkeit verwirren. Wenn Zonaras später Alexius als den Vertreter eines schrankenlosen Absolutismus bezeichnet hat, so entspricht dieses Urtheil zwar den Gedanken und dem Ziel seiner Regierung, nicht aber den Thatsachen. Das grosse Lob, das man diesem Kaiser spenden muss, kann doch nicht mehr sagen, als dass er in allen Fällen die Situation zu beherrschen verstanden hat. — Wie nun aber sein Leben sich dem Ende zuneigte, spitzten sich alle Gegensätze in einen Punkt zu, die Frage der Thronfolge.

Die Kaiserin wünschte ihrer Tochter Anna und deren Gemahl die Krone zu überliefern; Alexius dachte an niemand anderen als an seinen Sohn Johannes, der um vier Jahre jünger war als Anna. Da es die Art des Kaisers war, im Stillen und diplomatisch zu operiren, so blieb der ganze Kampf ein verdeckter; doch scheint hier der Grund zu liegen, warum der Kaiser so oft seine Gattin, ihm in den Krieg zu folgen, nöthigte. Er hätte nicht wagen dürfen, ihrem Einfluss den Hof in seiner Abwesenheit zu überlassen. Die Programme waren klar genug. Entweder ein für den Staat, wie er nun einmal geworden war, heilsamer Despotismus oder die Rückkehr zu dem oligarchischen Regiment, das vor der Thronbesteigung des Alexius seine Orgien gefeiert hatte. Zuletzt, als es zum Ausschlag kam, wurde Johannes Kaiser.

Noch war aber die Gegenpartei nicht niedergeworfen: eine Verschwörung bildet sich gegen ihn und ein Mordanschlag auf sein Leben. Ein Moment, in dem Anna Comnena an die fürchterlichen Gestalten des alten Mythus erinnert, an eine Medea, die für sich und den Gemahl den Bruder opfert. Aber der Plan misslang. Man findet beschrieben, wie Anna ihrem Zorn in leidenschaftlich-bitteren Worten die Zügel schiessen lässt, die Mutter aber, verzweifelt und spöttisch zugleich, tröstet, Kaiser könne man nur machen, solange der Thron herrenlos sei; aus dem Besitz zu verdrängen, sei vergebliche Mühe. Indess Irene in ein Kloster sich begab [1]), verblieb Anna mit ihrem Gatten am Hofe: der neue Kaiser, wie er nun die Macht in Händen hatte, hielt die Gegnerschaft der erstgeborenen Schwester für so ungefährlich, dass er auf den Rath seines ersten Ministers ihr das bereits confiscirte Vermögen zurückgab. Alles bekam nunmehr ein verändertes Aussehen. Es war deutlich nach dieser Katastrophe, welche Richtung die Dinge nehmen würden. Freier entfaltete sich jetzt die comnenische Politik. Es blieb jedem die Wahl, sich ihr zu fügen und dienend sie zu fördern oder sich zurückzuziehen in Hass, Gleichgültigkeit, allmähliche Vereinsamung. Wenn eine Opposition fortbestand, so hatte sie nur noch litterarische Bedeutung.

---

[1]) Ein Kreuz aus ihrem Besitz mit einer Inschrift (χρυσίνδυτις πρίν, ἀλλὰ νῦν ῥακένδυτις u. s. w.) kam später in den Schatz von S. Marco in Venedig, wo es schon Montfaucon bemerkte (diario italico 52 ff.). Es ist abgebildet auf Tafel XXV des Prachtwerkes il tesoro di S. Marco; die Inschrift steht auf den Enden der 4 Kreuzarme. Fussgestell und Fassung sind spätere Zuthaten.

Kaiser Johannes war weder ein Mann des Hoflebens noch des litterarischen Treibens: sein Leben war den Kriegen gewidmet. Indem ihn die Unzufriedenheit seiner bildungsstolzen Schwester wenig bekümmerte, wies er deren Gemahl Nicephorus Bryennius, dem gelehrten Hofmann, militärische Aufgaben zu, denen er schliesslich erlag. Anna schreibt seinen 1138 erfolgten Tod den Strapazen des syrischen Feldzuges zu[1]). Sie war 55 Jahre alt, da sie.Wittwe wurde.

Als Johannes starb und Manuel zur Regierung kam, ging Anna in ihr 60. Lebensjahr[2]). Ihr ältester Sohn Alexius erscheint unter diesem Regiment wiederholt in hoher militärischer Stellung; so begegnet uns auch der Name Ducas und Bryennius wieder, ein Beweis, dass es mit der politischen Rolle vorüber war. Neben dem Klang des comnenischen Namens verhallten immer mehr die Nebentöne. Von sich selbst sagt Anna, dass sie nur noch der Religion und ihren Studien lebe. Aber diese Zurückgezogenheit war keine ganz freiwillige; dass sich niemand am Hofe um sie kümmerte, war eine Art kaiserlicher Ungnade. Indem sie klagt, dass alles sich der neuen Sonne zuwendet, und über die Undankbarkeit der Menschen zürnt, fühlt sie sich tief unglücklich[3]): wie mit elementarer Gewalt brechen an manchen Stellen ihre Wehklagen hervor. Sie ist eine von den Naturen, die nicht vergessen können. In diesem Zustande nun einer freudlosen und verdorbenen Gegenwart entsteht die Alexias.

Sehr würde man sich getäuscht finden, wenn man hier Memoiren im gebräuchlichen Sinne des Wortes erwartete. Die Darstellung beginnt mehrere Jahre, bevor die Verfasserin zur

---

[1]) Jedenfalls ist die erste Unternehmung des Johannes nach Syrien gemeint, von der er 1138 zurückkehrte. Wäre es die vom Jahre 1142, so würde eine Beziehung auf den Tod des Kaisers kaum fehlen.

[2]) Das 14. Buch der Alexias ist fünf Jahre später geschrieben, 1148. II 292: εἰς τριακοστὸν τοῦτο ἔτος seit dem Tode des Alexius (1118). Um diese Zeit auch ein Brief des Joh. Tzetzes an Anna Comnena (Hart im 12. Supplementband der Jahrbücher für class. Philologie p. 22 u. 45). — Der Cod. palat. gr. 43 enthält auf fol. 91ᵛ ein Gedicht des Theod. Prodromus auf den Tod der Anna Comnena, ἐπιτάφιοι τῇ γυναικὶ τοῦ κυροῦ τοῦ πανευτυχεστάτου καίσαρος κυροῦ νικηφόρου βρυεννίου, welches ich hiermit künftiger Herausgabe überlassen und empfehlen will.

[3]) II 268: τέτλαθι δὴ κραδίη . . .

Welt kam, und auf persönliche Erinnerung und Erfahrung kann sie sich nur für einen Theil des Werkes berufen. Die Aufgabe des Buches ist vielmehr eine ganz andere. Nicht i h r e Schicksale und i h r e n Antheil an den politischen Ereignissen will sie erzählen, sondern die Regierung ihres V a t e r s , nachdem ihr Gatte bereits diese Absicht gehegt hatte, aber durch den Tod verhindert worden war, sie zu Ende zu führen. Sie giebt ihr Buch als eine Fortsetzung der unvollendeten Arbeit des Nicephorus Bryennius und sehr häufig verweist sie auf dessen ausführlichere Darstellung. Dieses Buch aber, die Geschichte der Wirren, die der Thronbesteigung des Alexius vorangingen von der Zeit des Kaisers Romanus Diogenes an, da Alexius zuerst auf den politischen Schauplatz trat, ist erhalten. Da es zudem seine Entstehung keiner anderen Anregung verdankt, als, woraus Anna kein Hehl macht, dem Wunsch ihrer Mutter Irene, wie sollte es uns nicht interessiren, zu wissen, inwiefern es Spuren der oppositionellen Gesinnung trägt, deren Erinnerung der Name der Irene Ducaena in uns erweckt? Die Grundgedanken der Einleitung sind diese.

Die Legitimität der comnenischen Dynastie ist anerkannt auf der Grundlage, dass der Oheim des Alexius seiner Zeit freiwillig abdankend den Ducas die Krone übergeben habe und dass somit Alexius selbst in seiner Usurpation nur als der Wiederhersteller seines alten Rechtes und des Rechtes der Ducas erscheint. Auch sei die Thronbesteigung des Alexius begleitet gewesen von dem Beifall aller Gutgesinnten und dem offenbaren Segen des Himmels: denn sei nicht das Reich aus tiefster Zerrüttung zu neuem Gedeihen erhoben worden? wie denn bis auf den heutigen Tag nach Osten und Westen alle Unternehmungen den besten Fortgang nähmen. Hier ist nun eines zu bemerken. Indem die Rechtmässigkeit der comnenischen Herrschaft über allen Zweifel gestellt wird, findet man ihr Wesen in einer eigenthümlich bedingenden Weise definirt: die Krone der Comnenen sei ererbt von zwei Seiten, sie vereinige die Ansprüche der Comnenen und Ducas[1]). Die Gattin

---

[1]) Nic. Br. 12: εἰς μίαν συμφωνίαν ἄμφω τὰ γένη συνῆψε καὶ εἰς ἓν φυτὸν συνεδένδρωσεν. Es klingt wörtlich an diese Parole an, wenn in einer Gratulationsschrift des Theod. Prodromus zur Vermählung der beiden

des Alexius, eine Ducas, ist nicht Kaiserin, weil sie die Gemahlin des Kaisers ist, sondern sie ist es kraft eigenen, ererbten Rechtes. Die Krone erscheint, juristisch gesprochen, als die beiderseitige Mitgift des Alexius Comnenus und der Irene Ducaena. Aber Nicephorus geht noch einen Schritt weiter. Das Haus der Ducas, sagt er — und durch Studien könne sich jeder davon überzeugen — sei das ältere. Der Name schreibe sich daher, dass der Stammvater[1]), der, ein Vetter des grossen Constantin, mit diesem aus Rom in die neugegründete Constantinsstadt herübergekommen sei, die Würde eines dux hier bekleidet habe. — Hiernach aber lenkt Nicephorus ein: auf Johannes, dem Alexius sterbend das Scepter übergab, seien die beiderseitigen Familienansprüche übergegangen. „Denn wer sei nach dem Tode des Constantin mehr dazu berufen gewesen?!" — ich glaube, dass Anna Comnena diesen Satz nie ohne die tiefste Erbitterung gelesen hat und ohne jene herzliche Verachtung der feigen Unterwürfigkeit ihres Mannes, von der ein anderer Historiker der Zeit uns Zeugniss giebt.

Wenn diese Anerkennung der bestehenden und herrschenden Gewalten eine ehrliche gewesen wäre, so hätten die dynastischen Velleitäten, die hier zum Ausdruck kamen, nur einen eiteln theoretischen Werth. Indem aber die Opposition ihre Taktik zu wechseln sich genöthigt sah, erreichte sie einen Erfolg auf litterarischem Gebiete, der doch indirekt die Politik berührte· Sie gewann Einfluss auf die historische Ueberlieferung, und man kann sagen, dass das Bild des ersten Comnenen durch sie gefälscht worden ist.

Dass Alexius der Hauptgegenstand des Buches des Nicephorus hatte werden sollen, ist bereits erwähnt. Er sagt in der Einleitung, weder ein Thucydides noch ein Demosthenes möchte genügen, die Geschichte dieser Regierung zu schreiben.

Söhne des Nicephorus und der Anna gesagt wird: ὥσπερ ἐκ συμφωνίας hätten sich die zwei Häuser verbunden zu dem einen Κομνηνοδουκικόν (Mai, nova patrum bibliotheca VI 414).

[1]) Die Genealogie ist schwer zu belegen. Am Anfang des 10. Jahrhunderts wurde der gesammte Mannesstamm der Ducas ausgerottet. Daher erhebt schon Zonaras Einsprache IV p. 198.

Was hier gegeben werden könne, solle nichts für sich bedeuten, keine Geschichte sein, nur Material der Geschichte. Alexius heisst der grosse Alexius. Diese Worte enthalten das massgebende Programm für Anna Comnena. Der Geschichtschreiber seiner eigenen Zeit verzichtet von allem Anfang auf das Ideal der Geschichtschreibung. Wenn er bona fide schildert, so kann dies sein Gewissen beruhigen, aber das Mass seines persönlichen Antheils an den Dingen ist immer zugleich der Gradmesser der Fälschung. Die Geschichte soll das persönlich Befangene abstreifen, das Trübe klären.

Die Schicksale, die Anna Comnena unter der Regierung ihres Bruders und Neffen erfährt, sind bestimmend für ihre Auffassung. Die Zeit der Hoffnung, da ihr Vater noch lebte, erstrahlt in immer hellerem Lichte der Erinnerung. Allmählich hat sie sich einen vollkommenen Gegensatz erdichtet zwischen dem ersten Comnenen und seinen Nachfolgern. Doch würde diese Erklärung leicht zu mild sein; die Fiktion ist eine bewusstere und hat eine politische Spitze.

Dass die Regierungen seit dem Tode des Alexius nur eben konsequenter und rücksichtsloser aufgetreten sind, als es Alexius hätte wagen dürfen, wird übersehen und ein prinzipieller Gegensatz zwischen seiner Zeit und der nachfolgenden festgestellt; nach seinem Tode sei der ganze bestehende Zustand umgerührt, seine guten Absichten vereitelt worden. Dem neuen Absolutismus wird ein System der Rücksichtnahme auf Familien und Stände entgegengesetzt, das doch Alexius nur als ein lastendes Erbe und eine unfreiwillige Bürde hatte tragen müssen. Indem man seine Noth zur Tugend fälschte und seine Dornenkrone als Zier und Stolz seines kaiserlichen Hauptes ausgab, sollte der Stifter der Dynastie überhaupt ein Musterbild werden, das die Nachfolger in Schatten stellte. Für Anna Comnena ist Alexius nicht weniger als ein dreizehnter Apostel, ein Ruhm, den ihm höchstens Constantin der Grosse streitig machen könne. In diesem Sinne nennt sie ihr Werk Alexias, so etwa wie die Ilias von den Heldenthaten um Ilios handelt oder die Odyssee von den Schicksalen des Odysseus. Eben dieses Ineinander zweier verschiedener Momente verbirgt in etwa die Absicht. Indem ein Gegensatz, der historisch begründet ist, von seinem thatsächlichen Gebiete auf andere Theile übertragen und masslos gesteigert wird, muss sich die Glorification des Alexius, die damit Hand in Hand geht, unmerklich zu einer zermalmenden Kritik alles dessen zuspitzen, was nach ihm geleistet wurde. Bei Zonaras findet man das genaue Gegentheil. Alexius ist ihm nicht das ideale Gegenstück, sondern der Prototyp der folgenden Kaiser, und er hält es für unnütz, nach diesem Exempel sich mit den Nachahmern zu beschäftigen.

Aus Zonaras müssen wir auch die Kenntniss der Parteiung entnehmen, an der Anna Comnena so lebhaft betheiligt war und von der sie so völlig schweigt, dass sie die Eintracht zwischen Alexius und seiner Gattin nicht genug rühmen kann. Von Johannes spricht sie wenig; einmal aber wagt sie zu behaupten, er sei der schlimmste Gegner seines Vaters gewesen. Nirgends indess hat ihre Auffassung einen so harten Stand wie in der Sterbescene des Alexius.

Die Rivalität um die Thronfolge hat dem ersten Comnenen die Todesstunde verbittert. Noch einmal flammten die politischen Leidenschaften, die der Lebende dämpfend bemeistert hatte, um den Sterbenden empor. Drei Geschichtschreiber haben die Scene geschildert[1]): es ist ein Nachtstück von dämonischem Reiz. Die Kaiserin sucht zum letztenmal den Gatten umzustimmen, indem sie ihm zuruft, sein Sohn raube ihm, da er noch lebe, die Krone. Alexius antwortet mit stummer Geberde; die Sorgen um das Irdische hat er von sich gethan. Die Schmähungen und die Verzweiflung der Gemahlin begleiten sein Ende; niemand bekümmert sich um die Leiche, der Sohn nicht, weil er noch nicht wagen durfte, seinen Palast zu verlassen, Gattin und Töchter nicht, im Unmuth der erlittenen Niederlage.

---

[1]) Obzwar Anna Zeugin dieser Scene war, scheint mir doch die Uebereinstimmung, die in den wesentlichen Punkten zwischen Zonaras und Nicetas herrscht, die Wahrheit mehr zu verbürgen. Die beiden Schriftsteller sind von einander unabhängig, und Nicetas nur in allem pointirter.

Die bezeichnendsten und widerwärtigsten Momente dieser Vorgänge fehlen bei Anna Comnena. Die Kaiserin und ihre Töchter, in Thränen aufgelöst, sind um den Sterbenden beschäftigt, ihm in den Pausen seiner Ohnmachten jede mögliche Linderung zu verschaffen. Anna zählt angstvoll die Pulsschläge. Auf die Nachricht, dass Johannes zum Kaiserpalast geeilt sei, überlässt sich die Kaiserin ungestümer Klage, Krone und Herrschaft sei nun dahin. Die Verzweiflung hat auch hier etwas Ungewöhnliches, Grenzenloses. Niemand aber könnte aus dem Ganzen dieser erschütternden Familienscene errathen, dass an dem Pulsschlag des Sterbenden mehr die Chancen politischer Bestrebungen als die eines theueren Lebens gemessen werden.

Die Kontrole, die hier Zonaras und Nicetas ermöglichen, versagt in den meisten Fällen. Die Kritik wird bei Anna Comnena keinen leichten Stand haben. Als eine Frau weiss sie auf vielfältige Art zu bestechen, nicht zum wenigsten dadurch, dass sie häufig durchfühlen lässt, ja es bekennt, wie sehr sie ihrer Natur Gewalt anthue, um bei der reinen Wahrheit zu bleiben. Für ihre Beherrschung spricht, wie weit sie in der Zurückhaltung geht, von sich selbst zu reden. Sie gedenkt ihrer Geburt, man habe sie ihrem Vater ähnlich gefunden; kaum dass sie vorsichtig ihre Beziehungen zu Constantin Ducas andeutet; dann schiebt sie ihren Gemahl vor, dessen Werk sie nur ergänzen wolle. Den Versicherungen der unbedingten Glaubwürdigkeit ihrer Darstellung begegnet man in einem fort: sie stütze sich auf schriftliche Aufzeichnungen jener Zeit, sodann auf ihre eigene Erinnerung und die sicheren Mittheilungen, die sie zumeist von ihren Eltern und Georg Palaeologus erhalten habe. Es steht mit dieser angeblichen Unparteilichkeit nur in einem scheinbaren Widerspruch, wenn die Darstellung an vielen Punkten von lyrischen Stellen durchbrochen wird, worin die Verfasserin der Pietät und Liebe zu ihren Eltern einen enthusiastischen Ausdruck giebt. Indem sie hierin selbst die tragische Pose nicht verschmäht, erzeugt sie die vortreffliche Wirkung, dass ihr der Leser leicht das übrige für eine leidenschaftslose und von jeder Berechnung freie Erzählung abnimmt.

Nichts liegt uns ferner, als den Werth der Alexias zu schmälern. Sie wird immer das vornehmste Denkmal der Neugestaltung des griechischen Reiches bleiben, die Alexius Comnenus angebahnt hat. Von den Schwierigkeiten, unter denen sich dieselbe durchsetzte, und insbesondere von dem Widerstand geheimerer Art, ist dieses Werk an sich selbst ein redendes Zeugniss. Was unsere Aufmerksamkeit in Anspruch nahm, war nicht so sehr die Geschichte, die uns Anna Comnena überliefert, als das Bezeichnen der Stelle, die ihr Geschichtswerk innerhalb des lebendigen Flusses der Ereignisse einnimmt.

Zwei Beilagen.

1. Von der Komposition der Alexias. Die Münchener Epitome.

Was für eine litterarische Beurtheilung der Alexias zu wissen und zu untersuchen Noth thäte, dies aufzuzählen, erforderte eine lange Liste[1]). Einige Bemerkungen über die Abfassung der einzelnen Theile will ich nicht unterdrücken. Die 15 Bücher sind nicht ganz in der Reihenfolge entstanden, in der sie uns vorliegen.

Im 11. Buche (II 99 ff.) verspricht Anna, über Theodorus Gabras, den Herrn von Trapezunt, am gehörigen Orte zu handeln. Dies aber ist bereits im 8. Buche (I 417 ff.) geschehen. Die kriegerische Unternehmung gegen Tzachas ist im 11. Buche erwähnt, sein Ausgang aber im 9. Buche vorweg erzählt. Dinge, die für die chronologische Feststellung der Thatsachen

---

[1]) Ueber den Stil und insbesondere den Citatenschatz Oster, Anna Comnena (3 Rastatter Lycealprogramme 1868. 1870. 1871) 1, **54** ff. die Anmerkungen und 3, 58—77.

beachtet sein wollen¹). Dass eine Beschreibung der Lage von Dyrrhachium im 12. Buche sich findet, indess die frühere Belagerung dieser Stadt durch Boëmunds Vater (Buch 3 und 4) reichlich dazu Gelegenheit gegeben hätte, scheint gleichfalls auf die frühere Abfassung von einigen der späteren Bücher zu deuten. Es bleibe genauerer Untersuchung vorbehalten, solcher Spuren mehr aufzufinden.

Wir kommen zu einer anderen Frage. Die handschriftliche Ueberlieferung der Alexias ist nicht die allerbeste. Wenn etwas der Verbreitung des Werkes im Wege stand, so könnte dieses Hinderniss darin gefunden werden, dass bereits im 12. Jahrhundert, also bald nach dem Bekanntwerden der Alexias, ein kürzerer Auszug aus derselben gefertigt worden sein soll. Ich will aber zeigen, dass der Beweis, wonach man jenem Auszug ein so hohes Alter zuschreibt, haltlos ist.

Die Epitome, oder richtiger ihre Vorlage²), die dem 12. Jahrhundert angehören soll, ist eine Münchener Handschrift und ist einmal gedruckt worden (cod. Mon. gr. 355, bei Hardt IV 28), da sie das Verdienst besitzt, nicht nur einen besonders zuverlässigen Text zu bieten, sondern auch allein die sonst unbekannte Einleitung der Alexias zu enthalten³). Indem sich das Excerpt in wechselnder Ausführlichkeit der Vorlage anschliesst, giebt es an einer einzigen Stelle Angaben, die dorther

---

¹) Der Irrthum der Datirung von Tzachas' Ende bei Sybel, Geschichte des 1. Kreuzzuges (2. Aufl.) S. 464, kommt daher, dass die Stelle der A. C. II, 91 ff. übersehen ist. — Annas eigene Unsicherheit verräth sich einmal, da sie die Geschichte der Gefangenen aus dem Kreuzheer, die Alexius zurückerhielt, zweimal erzählt im 11. und 12. Buche (II 104 und 133 ff.).

²) Die Excerpte des 13. und 14. Buchs sind durcheinander geworfen, was sich durch die verkehrte Einheftung der Blätter in der Vorlage erklärt. Die richtige Ordnung im Druck von Höschel (Augsburg 1610) wäre: p. 173 (Fuss der Seite) bis 176, 7; dann 164, 14 bis 170, 23, dann 176, 7 bis Schluss.

³) In einer vatikanischen Handschrift findet sich die Epitome in gleichem Umfang. Cod. vat. gr. 981, fol. 198ᵛ. — 249ʳ., sie bricht ebenso wie die Münchener Handschrift ab mit den Worten ὄχλος πολύς XIV 7, in der Bonner Ausgabe II 288—289, 1.

nicht entlehnt sind, vielmehr wörtlich mit einer Stelle des Zonaras übereinstimmen. Darauf gründet sich die Behauptung, dass die Epitome, die Zonaras, einem Schriftsteller des 12. Jahrhunderts, als Quelle diene, selbst diesem Jahrhundert angehören müsse. In Wahrheit aber ist die fragliche Stelle[1]) der Epitome nichts anderes als eine Interpolation aus dem Zonaras, und niemand kann behaupten, in welchem Jahrhundert vom 12. bis 15. die Epitome entstanden und die Interpolation eingefügt sei. Die Angaben jener Stelle sind bei Zonaras in einem klaren und widerspruchslosen Zusammenhang; im Text der Alexias und der Epitome enthalten sie Widerspruch und Störung.

Es handelt sich um einen Kampf bei Larissa. Alexius, so sagt jener Passus, habe seinem Bruder Hadrian das Heer übergeben und ihm befohlen, ἐναντίον τοῦ στρατεύματος 'Ρομπέρτου στῆναι· εἰ δ'ἐκεῖνος ὁρμήσει μαχέσασθαι, στρέψαι τὰ νῶτα... Wie konnte aber der Epitomator von dem Heere Roberts reden, da zuvor ausdrücklich in der Alexias gesagt war, Robert sei in Italien gewesen und habe die Truppen seinem Sohne Boëmund übergeben? Man focht gegen Boëmund und nicht gegen Robert, und so ist auch wenige Zeilen danach der Name Robert (den Zonaras hat in seiner mehr summarischen Erzählung) in der Epitome in Boëmund verändert. Desgleichen wird die Erhebung von Alexius' Bruder Hadrian zum βασιλεύς an keiner Stelle der Alexias bestätigt.

Da die eingeschobene Zonarasstelle mit dieser Angabe beginnt, darf man darin einen Fingerzeig für den Anlass der Interpolation erblicken. Die Bemerkung der Alexias, dass den griechischen Heerführern an diesem Tage kaiserliche Abzeichen gewährt worden seien (τὰ τῆς βασιλείας παράσημα ἅπαντα), rief eine Ergänzung aus Zonaras hervor.

---

[1]) Bei Höschel, p. 91, 20—92, 1. Zonaras, ed. Dindorf IV 238. A. C. I 248. Dazu die praefationes von Schopen XVIII, Reifferscheid VIII, Dindorf im 4. Band V. Der Wiederanschluss an den Text der Alexias hinter dem interpolirten Stück entspricht A. C. I 252, 12: ἀκούσας δὲ..

2. Byzantinische Dogmen- und Ketzerbücher.

Zu den massgebenden Gesichtspunkten der comnenischen Politik muss man es rechnen, dass mit ihr die Kaisergewalt in kirchlichen Angelegenheiten auf das nachdrücklichste in die Bahn einlenkte, die einst Constantin der Grosse bezeichnet hatte. Der priesterliche Nimbus der Krone ward ein wesentlicher Hebel des Regimentes. — Anna Comnena erwähnt, da sie im 15. Buche[1]) von Ketzern und Ketzerverbrennen spricht, Alexius habe einem gelehrten Mönch Euthymius Zygabenus ein Buch zu schreiben aufgetragen, darin alle Ketzereien nebst deren Widerlegung aus den Kirchenvätern enthalten sein sollten. Dieses Buch habe der Kaiser $\delta o \gamma \mu a \tau \iota x \grave{\eta} \ \pi a v o \pi \lambda \iota a$ genannt, Rüstkammer der Dogmen. Das Werk hat sich erhalten[2]) und ist im Original wie in lateinischer Uebertragung, wenn auch nie ganz vollständig, gedruckt worden.

Für den officiellen Ursprung, von dem Anna berichtet, giebt die Einleitung die umfassende Bestätigung. Nirgends indessen ist der Charakter des Werkes und die kirchliche Auffassung des comnenischen Kaiserthums so deutlich bezeichnet wie in einer Reihe von Versen, die in einer vatikanischen Handschrift der Panoplia, welche durch ihre Miniaturen längst die Aufmerksamkeit auf sich gezogen hat, zu lesen sind[3]). Da die Verse noch nicht gedruckt sind und theilweise zu den

---

[1]) II 357.
[2]) Die Nachweise darüber findet man zusammengestellt in dem Aufsatz von Ullmann, Die Dogmatik der griechischen Kirche im 12. Jahrhundert (Theol. Studien und Kritiken 1833, 2) S. 665 f. Die Behauptung des Allatius (de ecclesiae occ. atque or. consensione, 642 f.), dass die Panoplie nichts gegen die römische Kirche enthalte, ist irrthümlich. — Dem Verzeichniss zuzufügen ist die Neuherausgabe von tit. 23 de Bogumilis durch Gieseler (Göttinger Universitätsschriften von 1841 und 1842).
[3]) Cod. vat. gr. 666. Man hat angenommen, es sei das für den Kaiser bestimmte Exemplar (Schnaase, Gesch. der bild. Künste 2. Aufl. III 273). Uebrigens befindet sich, worauf mich H. Dr. Strzygowski gütigst aufmerksam macht, in der Moskauer Synodalbibl., Nr. 387, ein zweites Exemplar der Panoplia mit genau den nämlichen Miniaturen.

Bildern gehören, wird man ihre Mittheilung willkommen heissen.

Auf der Rückseite des ersten Blattes sind die neun Kirchenväter abgebildet, die Heiligen Dionysius, Athanasius, Basilius, Gregor v. Nyssa, Gregor v. Nazianz, Cyrill, Joh. Chrysostomus, Maximus und Joh. Damascenus, in der linken Hand ihre Schriftrolle haltend, um sie dem Kaiser zu übergeben, die rechte unter dem Gewande verdeckt[1]). Darüber stehen in rother Schrift die an den Kaiser gerichteten Verse:

εὖ σοι γένοιτο τῆς σοφῆς εὐβουλίας,
πολλὴ χάρις σοι πρὸς θεοῦ, στεφηφόρε,
ἀνθ' ὧν συνῆξας ὧδε τοὺς ἡμῶν λόγους,
ἐκεῖ συναχθῇς παγγενῆ σεσωσμένος.

Auf der gegenüberstehenden Vorderseite des zweiten Blattes ist Kaiser Alexius abgebildet, ebenfalls stehend; sein Haupt umgiebt der gleiche Nimbus, eine rothe Kreislinie, wie die heiligen Väter. Wie diese die rechte, hat er beide Hände unter dem Gewand verdeckt erhoben, eine Ceremonie der Verehrung, die vermuthlich auf orientalischen Brauch zurückgeht[2]). Christus in der Höhe in kleinerer Halbfigur segnet den Kaiser. Die Verse sind gleichsam eine Antwort auf die gegenüberstehenden.

ὑμεῖς μὲν ἐσπείρατε, σεπτοὶ πατέρες,
ἐγὼ δὲ συνέλεξα τοὺς ὑμῶν κόπους·
ἀλλ' ἐκδυςωπῶ καὶ τὸ φῶς ὑμῶν ἔχειν,
ὡς συγκομισθῶ πρὸς μονὰς οὐρανίους.

Die Rückseite des zweiten Blattes zeigt den Kaiser, ein Buch, die Panoplia, in den Händen und es öffnend, vor Christus stehend, der, das Haupt mit dem Kreuznimbus geschmückt, auf dem Throne sitzt und den Kaiser segnet. Die Verse erscheinen von ihm an Alexius gerichtet.

---

[1]) Eine Nachbildung der Miniaturen bei d'Agincourt, Hist. de l'art par les monuments V pl. 58.

[2]) Der ästhetische Tadel, den Schnaase und Labarte (Hist. des arts industriels III 73) über das Verdecken der Hände aussprechen, ist ungerechtfertigt.

πολλοὶ βασιλεῖς εἰργάσαντο δυνάμεις,
σὺ δ' ὑπερῆρας πάντας ἔργῳ καὶ λόγῳ·
ἡ παγκρατής μου δεξιά σε κρατύνει·
ἔντεινε, βασίλευε, ζῶν αἰωνίως.

Es folgen von fol. 3r an die nachstehenden drei Gedichte:

ἡ βίβλος αὕτη τοῦ κρατίστου δεσπότου
θείων πέφυκεν ὁπλοθήκη δογμάτων,
παντευχίαν φέρουσα καὶ πανοπλίαν
ἄρρηκτον, ἀκράδαντον, ἀδαμαντίνην·
5 τοῦ γὰρ δυνατοῦ τὰ τεθηγμένα βέλη,
ἃ πηγνύουσιν οἱ στρατηγοὶ τοῦ λόγου
τῶν τοῦ κρατοῦντος δυςμενῶν ἐν καρδίᾳ,
ἐνταῦθα κεῖνται πάντα συνειλεγμένα
τῷ συγκροτησμῷ τοῦ σοφοῦ προμηθέος,
10 Ἀλεξίου τῆς Αὐσόνων βασιλέως
θεόφρονος, μέλοντος, εὐσεβεστάτου,
ὃν ἡ πρόνοια τοῦ φιλανθρώπου λόγου
ἐν ἐσχατιᾷ τῶν χρόνων τῶν δυςκόλων
καὶ τῶν ἀναγκῶν τῶνδε τῶν πολυπλόκων
15 ἤνεγκεν εὐτύχημα Ῥωμαίοις μέγα,
στρατηγὸν εὐμήχανον, ἠκριβωμένον,
ἀρχηγὸν εὐδόκιμον, ἐξῃρημένον
καὶ πρὸ κράτους τείχισμα καὶ μετὰ κράτος,
πύργωμα, κραταίωμα τῆς σκηπτουχίας,
20 οὗ τὰ κατορθώματα πολλὰ καὶ ξένα
καὶ τὰ τρόπαια τὰ κατ' ἐχθρῶν μυρία.
σφραγὶς δὲ πάντων καὶ κορωνὶς αἰσία
ἡ δογματικὴ τυγχάνει πανοπλία
τῆς ὀρθοδόξου πίστεως ἡ στερρότης.
25 ἡ συλλογὴ γὰρ τῶν θεοπνεύστων λόγων
γνώρισμα λαμπρὸν εὐσεβοῦς βασιλέως.
ὁ συρραγῆναι τοῖς ἐναντίοις θέλων
f. 3v καὶ πρὸς λογικὴν συμβαλεῖν αὐτοῖς μάχην,
τούτοις κατ' αὐτῶν εὖ τεθωρακισμένος
30 τοῖς μηχανικοῖς ἀπτοήτως ἐξίτω.

πρόγραμμα βίβλου τῆςδε τῆς τῶν δογμάτων,
Ἀλεξίου φρόντισμα καὶ γλυκὺς πόνος
Ῥώμης βασιλεύοντος εὐσεβῶς νέας
καὶ φαιδρὸν ἐκλάμποντος ἀρετῶν σέλας.
5 κοινωφελὲς σύνταγμα, πίστεως κράτος,
στήλη θριαμβεύουσα τοὺς νόθους λόγους,
ἄθροισις εὐσύνοπτος ὀρθοδοξίας,
ἔλεγχος ἐντρέπων τε καὶ καταισχύνων
τοὺς τῆς ἀληθοῦς πίστεως ἀποστάτας,
10 θεῖον ταμεῖον ὀργάνων τῶν ἐν μάχαις,
ἅπερ κατασιρέψουσι τείχη δογμάτων
θεῷ μισουμένων τε καὶ λαοπλάνων,
πηγὴ διαυγὴς ἐνθέων διδαγμάτων,
ποταμὸς αὐτόχρημα σεπτῶν δογμάτων
15 ἄρδην κατακλύζων τε καὶ σύρων κάτω
τῶν κακοδόξων τὰς βεβήλους αἱρέσεις,
φρικτὴ βελῶν φαρέτρα δογματοκτόνων,
τῶν συλλογισμῶν πλεκτάνη καὶ σφενδόνη,
τοῖς τοῦ θεοῦ φῶς, πῦρ δὲ τοῖς ἀλλοτρίοις,
20 σάλπιγξ καταπλήττουσα τοὺς ἐναντίους,
πανοπλία φράττουσα τοὺς κεχρημένους,
παντευχία σφάττουσα τοὺς θεηλάτους.
f. 4r ἀλλ' ὦ μονὰς τρίφωτε καὶ τριὰς πάλιν,
ἓν φῶς ἀπαστράπτουσα τῆς θεαρχίας,
25 τὸν ἥλιον φύλαττε τῶν ἀνακτόρων,
τὸν μηχανουργὸν τῆς τοσαύτης ἰσχύος.
ἔπειτα τήνδε τὴν σελήνην τοῦ κράτους,
καλὴν βοηθὸν ἐκ θεοῦ συνημμένην,
καὶ τὸν ποθεινὸν πορφύρας ἑωσφόρον,
30 κάλλιστον ἄνθος δεσπότην ἡμῶν νέον,
εἰρηνικὴν σύμπνοιαν ἐν βίῳ νέμων,
ζωήν τε μακρὰν καὶ κακῶν ἐλευθέραν
καὶ τὴν τελειτὴν εὐφόρως τελουμένην,
πανοικὶ σώζων παγγενῆ στέφων ἄνω,
35 μαρμαρυγὴν ἄφθαρτον ἠμφιεσμένους.

ὡς ηὐδόκησεν ὁ κρατῶν στεφηφόρος,
ὡς ἐγγράφως ὥρισεν, ὡς ἔδειξέ μοι,
σπεύσας κατεσκεύασα τὴν πανοπλίαν.
ταῦτ' οὖν μαθόντες, οἱ κριταὶ τοῦ βιβλίου,
5 στέργοιτε καὶ βάλοιτε ταῖς εὐφημίαις
τὸν ἀγχίνουν τε καὶ μέγαν βασιλέα.
τούτῳ γὰρ ἡ σύμπασα καὶ μόνῳ χάρις.
εἰ γὰρ προςήκει τὴν ἀλήθειαν λέγειν,
εὐμήχανον τὸ χρῆμα, πιπτέτω φθόνος.

Etwa ein Jahrhundert später als die officielle Panoplia des Euthymius ging am Emigrantenhof von Nicaea eine private, aber weit umfassendere und bedeutendere Arbeit dieser Art hervor, der „Schatz der Rechtgläubigkeit" (*θησαυρὸς ὀρθοδοξίας*) des Nicetas Acominatus. Der Verfasser ist mit dem Geschichtschreiber dieses Namens eine und dieselbe Person, und da die letzten Bücher des Werkes die Ketzereien des 12. Jahrhunderts sehr ausführlich und mit Benutzung der originalen Synodalacten behandeln, überdies aber, soweit sich urtheilen lässt, durch das ganze Werk hin reichliche Anspielungen auf die Zeitgeschichte verstreut sind, so würde es für das Verständniss des Comnenenjahrhunderts zweifellos förderlich sein, wenn grössere Theile dieses thesaurus orthodoxae fidei veröffentlicht würden, als bislang geschehen ist[1]).

---

[1]) Die ältere Litteratur darüber bei Ullmann a. a. O. 680. In unserem Jahrhundert hat der vortreffliche Tafel auf das Werk wieder aufmerksam gemacht in einem Tübinger Programm von 1832 (der Titel bei Ullmann), auch ein Stück daraus mitgetheilt. Cardinal Mai giebt an verschiedenen Stellen Mittheilungen und Auszüge. Spicilegium Romanum IV 398 ff. Das Stück über den Islam auch Nova patrum bibl. IV 432 ff. mit lateinischer Uebersetzung. Die Synode von 1156 vollständiger als bei Tafel Spicil. Rom. X 1 ff.

Die beiden Sammlungen der Dogmen und Ketzereien von Euthymius und Nicetas umrahmen das zwölfte Jahrhundert. In dem nämlichen Jahrhundert ist der Sphäre griechisch-römischer Cultur gegenüber das merkwürdige muhammedanische Ketzerbuch des Schahrastani entstanden.

Ich harre einer anderen Gelegenheit, um auf das allgemeine historische Moment zurückzukommen.

Theodorus Prodromus.

Aus der Zeit, da das byzantinische Litteratenthum der feingebildeten Prinzessin Anna Comnena noch den Hof machte, ist ein Epithalamius, ein Hochzeitsglückwunsch übrig zur Feier der Vermählung ihrer beiden Söhne[1]). Man findet darin die Mutter als vierte Grazie und zehnte Muse bezeichnet. Als Erfinder dieser Complimente darf sich Theodorus Prodromus rühmen. Wir treten aus den einsamen Gemächern der Prinzessin in den weiteren Kreis der Männer, die inmitten einer ringsum fluthenden Barbarei das unvergessliche Verdienst gehabt haben, die Schätze der antiken Litteratur zu behüten.

Theodorus Prodromus ist den Compendien griechischer Litteraturgeschichte bekannt als Verfasser eines Romans, der, obschon keineswegs originell, doch das Glück hatte, seinerseits einen Nachahmer zu finden; ein späteres Stück dieser Gattung[2]) führt den Beisatz: κατὰ μίμησιν τοῦ μακαρίτου φιλοσόφου τοῦ Προδρόμου. Von seinen anderen Werken in der Manier der späteren Sophisten und Rhetoren hat sich vieles in der Humanistenzeit grösseren Beifalls erfreut als heute, und ist wiederholt seit dem 16. Jahrhundert gedruckt worden.

---

[1]) Bereits citirt S. 23 Anm. 1.
[2]) Von Nicetas Eugenianus. Rohde, Griech. Roman p. 531. Dass dieser Nicetas ein besonderer Freund und Verehrer des Prodromus gewesen ist, bestätigt ein ungedrucktes Stück aus der Escurialbibliothek, das den Titel führt: τοῦ Εὐγενειανοῦ κυρ. Νικήτα μονῳδία εἰς τὸν μακαριώτατον φιλόσοφον κύρ. Θεύδωρον τὸν Πρόδρομον (Miller, Catal. des mss. grecs de la bibl. de l'Esc. p. 211).

Von sich selbst sagt er, dass er von guter Herkunft sei[1]) und einen wohlgebildeten Körper mit zur Welt gebracht habe. Er war in Stand gesetzt, die beste Erziehung zu erhalten: Grammatik, Rhetorik und Philosophie, den Aristoteles und Plato hat er vollkommen studirt und versichert, er habe nichts ausser Acht und bei Seite gelassen, so dass ihm denn für seine Arbeiten kein mühseliges Vorbereiten von Nöthen sei, und alles ihm leicht aus der Feder fliesse. Hierbei will er auch einen Fehler nicht verschweigen: mitten im Reden stocke ihm wohl manches Mal die Zunge und mache ihn stottern; dies aber komme daher, „wie manche nicht übel erklären", dass die Zunge nicht so schnell dem fruchtbaren Geist folgen könne und ringen müsse mit dem Reichthum der sich anstauenden Ideen[2]).

Man darf diese kleine Eitelkeit dem Philosophen und Rhetor des 12. Jahrhunderts nicht verargen. Die Welt that wenig genug, ihn zu verwöhnen. Bildung, Wissenschaft — so hören wir ihn klagen — wird jetzt verachtet, und keiner erröthet, sich an deren Stelle lieber Reichthum zu wünschen, diesen untreuen Diener, der auf seine Flucht sinnt[3]). Dass der Gelehrte über seinen Büchern hungern müsse, dass Weisheit und Armuth zusammengehöre, ist der stete Refrain seiner Betrachtungen. Dann fasst ihn wohl ein Unwille, die Bücher möchte er zum Fenster hinauswerfen, den Aristoteles sammt dem Plato, Homer und Democrit. „Geh' unter die Mimen und Spassmacher; denn das schätzen die Menschen, nicht aber die Wissenschaft[4])."

---

[1]) Allatius, De Theodoris (Mai, Nova patrum bibl. VI 2, 175 f.) theilt diese Verse mit:
πάππου γὰρ εὐμοίρηκα προδρομωνύμου
καὶ θεῖον ἴσχον Χριστὸν ὠνομασμένον
γῆς 'Ρωσικῆς πρόεδρον, ἁβρὸν ἐν λόγοις.
Dass er hier seinen Vater nicht nennt, sondern nur Ohm und Grossvater, ist Coraïs ("Ἄτακτα I proleg. 6 f.) ein verdächtiges Zeichen, dass jener niederer Herkunft gewesen sei.
[2]) Περὶ τοὺς διὰ πενίας βλασφημοῦντας τὴν πρόνοιαν. Not. et extr. VIII 2, 86.
[3]) ibid. p. 88.
[4]) Not. et extr. VIII 2, 195.

Und so will er gar der Hauptstadt, die ihn so schnöde behandelt, den Rücken kehren und zu einem Gönner nach Trapezunt[1]) wandern. Wie hätte er sich aber auf die Dauer von Constantinopel, „dem Herzen der Welt", trennen können? von der Stadt der Wissenschaften, wo eine lernbegierige Jugend sich um berühmte Lehrer drängte, dass deren Behausung gleich einem Museum erschien und wie eine zweite Academie, Stoa oder Peripatos[2]). „Ihr in Athen", so wird einmal Byzanz redend eingeführt, „habt nur noch den Hymettus mit dem Honig und dem Oelbaum, wir aber haben die honigsüssen Reden der Weisen und die Herrschgewalt. Ihr habt die Grabstätten der grossen Philosophen, bei uns aber ist ihre Weisheit[3])." Auch Prodromus ist erfüllt von solchem Stolz; jedoch ist etwas Melancholie dabei. Er ist der Meinung, dass Constantinopel, die Erbin von Athen und Alexandrien, doch in etwa das Schicksal dieser Städte theile, die, einst Hort und Mittelpunkt aller Studien, schliesslich der allmächtigen Zeit und dem Neid, der alles Gute verfolge, erlegen seien; „nicht als hätten die Bücher ganz und gar die Stadt des Constantin verlassen; denn woher käme sonst die gegenwärtige Blüthe der Studien und der Glanz der Philosophie und all' die weisen Männer, einheimische und fremde, die die priesterlichen Würden und den Rath des Reiches schmücken". Aber sein Schmerz ist dieser: das Gute und Edle sei nicht mehr Gemeingut aller und allen zugänglich, sondern es sei Privatsache geworden, und indess die Reichen sich Bibliotheken anlegen könnten, müssten die Armen zufrieden sein mit einem halbverschimmelten, verwischten Schmöker, über den die Mäuse gelaufen seien[4]). — Es mag

---

[1]) Not. et extr. VI 545 ein Brief an den Erzbischof von Trapezunt, ohne dessen Namen zu nennen; in Cod. Vat. gr. 306, 44 eine Leichenrede des Prodromus auf den Metropoliten von Trapezunt Stephanus Skylitzes.
[2]) Aus der monodia des Euthymius auf Eustath: ἡ τῶν λόγων πόλις, ἡ Κωνσταντίνου, καὶ ἡ φιλολόγος νεολαία πᾶσα περὶ αὐτὸν (i. e. Εὐστάθιον) καὶ ἦν μουσεῖον ἄντικρυς τὸ δωμάτιον ἄλλη τε Ἀκαδημία καὶ Στοὰ καὶ Περίπατος bei Tafel, De Thessalonica p. 399.
[3]) Verse bei Cramer, Anecd. Paris. IV 315.
[4]) Das Original drückt sich stärker aus. Die ganze Stelle aus einem ungedruckten Briefe an den Patriarchen Johannes, Cod. Vat. Ottob.

Uebertreibung sein in diesen Sätzen — denn was sagte nicht ein griechischer Rhetor einer schönen Antithese zu Liebe? — aber der Gegensatz, den das Nebeneinander von Reichthum und Proletariat erzeugte, ging auch durch die Welt der Gelehrten. Es bestand neben dem meist hochgebildeten Beamtenthum (denn Ausnahmen, zumal in kirchlichen Würden, werden vermerkt) ein armes Schulmeister- und Litteratenthum, das sich um den Staat wenig kümmerte und froh war, unter dem Schutz einflussreicher Gönner Dasein und Fortkommen zu sichern[1]).

Unter den Gönnern des Prodromus steht in erster Linie Alexius Aristenus, der berühmte Commentator der kirchlichen Gesetzgebung[2]), auf den das Vertrauen des Kaisers eine Reihe verantwortungsvoller Aemter gehäuft hatte. Da sich unter diesen auch die Oberleitung der grossen Waisenanstalt der Hauptstadt befand, so hat es viel Wahrscheinlichkeit, dass durch seine Fürsprache Prodromus ein Aemtchen an diesem Institut, vielleicht eine Lehrstelle, erhalten habe[3]). Die anhaltenden Aufmerksamkeiten für Aristenus, zu denen er sich verpflichtet fühlt, würden sich damit erklären. Er schreibt ihm die zierlichsten Briefe und die schmeichelhaftesten Lobreden; bei einem Feste, das dem Aristen zu Ehren in einer Kirche stattfindet,

---

466 f. 73r. Eine Mittheilung über Bücherexport aus Constantinopel: Lambros, αἱ Ἀθῆναι περὶ τὰ τέλη τοῦ δωδεκάτου αἰῶνος, Athen 1878, p. 19.

[1]) Joh. Tzetzes schreibt: Τοσοῦτο γὰρ ἔμοιγε δημοσίων πραγμάτων καθέστηκε μέλησις, ὁπόσον κολοιοῖς βασιλείας ἢ ἀετοῖς τῶν νόμων τοῦ Πλάτωνος. Hart, de Tzetzarum nomine vitis scriptis im XII. Supplementband von Fleckeisens Jahrbüchern S. 9 Anm. 9; über Beruf und Gönner des Tzetzes ebenda 18 ff.

[2]) Im kaiserlichen Auftrag des Johannes, Mortreuil, Hist. du droit byzantin III 412 ff. 485. Alexius war zuvor Statthalter von Griechenland, Not. et extr. VI 565, ibid. 523 f. über seine anderen Aemter. — Fabricius, Bibl. XI 280.

[3]) Eine Vermuthung, die schon von Lazzeri geäussert ist, Miscellaneorum ex mss. libris bibl. coll. Rom. soc. Jesu I 12. Seiner Schulthätigkeit würde der Aufsatz von Katze und Maus, σχέδη μυός, angehören, bei Boissonade, Anecd. Graeca I 429 ff. Ueber eine grammatische Arbeit, die ihm von Uhlig zugetheilt wird, dessen Ausgabe des Dionysius Thrax p. XXXVII; vgl. auch Egenolff im Mannheimer Gymnasialprogramm 1887 p. 22 f.

erscheint er geputzt und parfümirt und muss sich inmitten der dichtgedrängten Menschen von dem Wachs der Kerzen betropfen lassen[1]). Einmal, da sein Gönner ein gutes Wort für ihn eingelegt hat, dankt er ihm überschwänglich und etwas gar zu byzantinisch: „göttlicher Herr, hättest Du mir hinter die Ohren geschlagen und mir einen Stoss in den Nacken gegeben, so müsst' ich Dich auch preisen und hätte kein böses Wort sagen dürfen"[2]). Noch bestand auch die antike Sitte der Ehrenbesuche und Aufwartungen, und wir hören den armen Rhetor klagen über die frostige Etiquette der Paläste, wo man den Püffen kaiserlicher Hausbeamter ausgesetzt sei, wenn einmal die Fussbekleidung nicht in guter Ordnung befunden werde und das Gewand nicht herabreiche über den Knöchel[3]).

In all' dieser materiellen Abhängigkeit ist aber eines, was Achtung einflösst und die Armseligkeit vergessen lässt, etwas wie Adelsstolz in diesen armen Teufeln und das Gefühl, dass sie einer idealeren Welt angehören, die von den Wandlungen der Jahrhunderte nicht berührt wird. Indem auf dem Markt und auf den Strassen ein verändertes Griechisch ertönte, hielt man an der todten classischen Sprache fest und war zufrieden, in ordnender und commentirender Thätigkeit die Denkmäler der alten Litteratur wie ein anvertrautes Erbe zu verwalten. Wie stolz streitet nicht Prodromus gegen die Ignoranten, die Lehrer sein wollen und Mund und Herzen der Kinder mit einem barbarischen Griechisch verderben[4])! Die Belesenheit in den alten Schriftstellern und die Ueberhäufung des Gedächtnisses mit Citaten drängt aus jeder Schrift hervor. Manchmal regt sich der Wetteifer und nicht so ganz ohne Glück lässt sich Prodromus auf den Wegen Lucians finden[5]), meist aber ver-

---
[1]) Not. et extr. VII 2, 244 f.
[2]) Not. et extr. VI 525.
[3]) ibid. VIII 2, 92.
[4]) Im „ἀμαθής" Not. et extr. VIII 2, 102. Die hier angezogene Stelle ungedruckt aus Cod. Vat. Ottob. 466, f. 38 v. Eine Spur litterarischer Polemik bei Tzetzes, der als ἀμαθὴς und ἀρρητόρευτος angegriffen wird, bei Hart p. 57 a. a. O.
[5]) Einiges über die Nachahmung Lucians in diesen Jahrhunderten bemerkt Hase, De trois pièces satyriques imitées de la Nécyomantie de

schwindet aller Inhalt vor der Zierlichkeit und ausgesuchten Eleganz der formalen Bemühung. Denn war nicht alles schon einmal gedacht worden und gesagt? genug, wenn man das Alte geistreich combiniren und neu erglänzen lassen konnte. Es ist der Reiz einer unendlichen Arabeske; aller Ausdruck ist verschlungen, gekünstelt, übertrieben und oft verblüffend. Seitenlang werden über nichts die schönsten Phrasen aus dem atticistischen Schatze hervorgeholt und zusammengefügt, tausendfach kreuzen sich die mythologischen und historischen Anspielungen und erzeugen ein Wesen, das ein guter Kenner mit dem Vogel Strauss verglichen hat, der trotz seiner prächtigen Federn nicht fliegen könne[1]).

Prodromus will jemanden loben; es fällt ihm aus dem Plutarch ein, wie Cicero zu Cato sagt: Du bedarfst nicht Roms, Rom bedarf Deiner — und er macht daraus: Du bedarfst nicht des Lobes, das Lob bedarf Deiner. — Er gratulirt einem Gönner zur Erneuerung seiner Beamtung; die ganze Hauptstadt sei in Freuden darüber — der Blinde wird zu einem Lynceus, wer nicht reden kann, ein Stentor u. s. f. In einem Briefe klagt er ein Langes und Breites über eine Krankheit, wie ihm während derselben die Haupthaare ausgehen, der Bart aber struppig um das Kinn wächst und nicht mehr wohlgepflegt steht wie zuvor[2]); schliesslich bricht er mit einem Witz ab: Grolle nicht, dass ich so viel über die Haare klage. Hat doch der Heiland selbst es für einen besonderen Trost erachtet, dass er denen, die ausgingen, für ihn zu zeugen, versicherte, es solle kein Haar auf ihrem Haupte vergehen.

Die Art dieses Citates wird man nicht eben sehr respect-

Lucien in Not. et Extr. des mss. IX, 2e partie, p. 125 ff. Der ebenda herausgegebene Timarion ist ins Deutsche übersetzt von Ellissen, Anal. zur mittel- und neugriechischen Litteratur, 4. Theil.
[1]) Rohde, Der griechische Roman S. 333. Tzetzes schrieb zu seiner Briefsammlung später einen Commentar, um die darin aufgespeicherte Gelehrsamkeit in helleres Licht zu stellen, die sogenannten Chiliaden.
[2]) Den antiken Philosophenbart trugen jetzt die Mönche. Der Häretiker Niphon hatte einen Bart, der bis zu den Knöcheln reichte, Cinn. 64. — φιλοσοφεῖν auch wohl = monachicam vitam profiteri.

voll finden. Aber sie entspricht der Gesinnung gegenüber der christlichen Litteratur, da denn das Hauptinteresse, das die Rhetoren an ihr nahmen, ein philologisches und belletristisches war. Wie man den Homer erklärte und paraphrasirte, konnte man auch die Bibel behandeln, und die Frage des Prodromus an einen Freund, der ihn um Erklärung einer schwierigen Stelle im Evangelium Lucae gebeten hatte, ist durchaus ironisch: warum, schreibt er, hast Du keinen aus der heiligen Priesterschaar befragen mögen, jene zweiten Moses und Aaron, die mit Johannes donnern und mit Paulus in die Posaune stossen, und Dich an uns gewendet, die Knechte der Materie, die wir unsere freie Zeit den profanen Wissenschaften widmen[1])? Wie er diese Bitte erfüllt hat, zeugen auch im übrigen zahlreiche Schriften von seiner Beschäftigung mit theologischen Gegenständen, und es ist ihm zu Theil geworden, worauf er sicherlich sehr stolz gewesen wäre, dass seine vierzeiligen Gedichte über die Hauptthatsachen des Alten und Neuen Testaments auf dem Titelblatt einer Ausgabe des 16. Jahrhunderts die Empfehlung tragen, sie seien „cum ad poëtices mirificos fructus consequendos tum ad veram pietatem inprimis imbibendam valde idonea".

In diesen Umrissen etwa würde das Bild des Rhetors Theodorus Prodromus der griechischen Litteraturgeschichte erscheinen, wenn sie es der Mühe werth hält, ihn zu betrachten, da er denn als „Byzantiner" sich in dem Tross verliert und nicht einmal das Glück gehabt hat wie seine etwas jüngeren[2])

---

[1]) Not. et extr. VIII 92.

[2]) Dass Prodromus schon am Ende des 11. Jahrhunderts geschrieben habe, ist durchaus irrthümlich. Der Ἰταλικός, dem er eine Schrift gewidmet hat, ist keineswegs, wie Laporte du Theil vermuthete (Not. et extr. VIII 2, 217), identisch mit dem 1084 als Ketzer verurtheilten Joh. Italus, sondern es ist der gelehrte Erzbischof von Philippopel, Michael Italicus, der während des zweiten Kreuzzuges bei Nicetas 83 genannt wird, und auf den die Verse bei Miller (Recueil des hist. des croisades, hist. grecs II p. 770 v. 341 ff.) sich beziehen:

θρηνογραφοῦσι ῥήτορες, λογογραφεῖ σὺν ἄλλοις
καὶ τῆς Φιλίππου πρόεδρος Ἰταλικὸς ὁ πάνυ
ὁ μιμητὴς τοῦ Πλάτωνος καὶ μετ' ἐκεῖνον Πλάτων.

Zeitgenossen Tzetzes und Eustath, durch Classikerscholien zu einigem Nachruf zu gelangen.

Neuerdings aber ist von zwei Seiten zugleich der Name des Prodromus mit Interesse genannt worden. Linguisten und Historiker sind genöthigt, sich mit ihm zu beschäftigen. Die ersteren, seit Gedichte in vulgärgriechischer Sprache, als deren Verfasser Prodromus, auch wohl Ptochoprodromus, d. i. Bettelprodromus, bezeichnet war, bekannt wurden, die zu den älteren Denkmälern dieser Gattung gehören[1]). Den Geschichtschreiber aber hätte es interessiren können, dass Gedichte des Prodromus von historischem Inhalt, auf die schon die Gelehrten des 17. Jahrhunderts aufmerksam gemacht haben, in unserem Jahrhundert in beträchtlichen Stücken veröffentlicht worden sind[2]).

---

[1]) Coraïs, Ἄτακτα, Paris 1828/29, im 1. Band. Miller, Revue archéologique, nouvelle série 28, 361 ff. und 29, 58 ff. 183 ff. mit Einleitung und französischer Uebersetzung. Dieselben in Miller's Mélanges de litt. grecque und in Collection de monuments pour servir à l'étude de la langue néohellénique, nouv. série no. 7. Alle zusammen bei Legrand, Bibliothèque grecque vulgaire I 38 ff. — Die Annahme Miller's, dass das Gedicht bei Coraïs A = Legrand, Bibl. I 107 ff. eine zweite Redaction des Gedichtes Legrand I 101 ff. sei, scheint mir wenig glaublich. Auch das Gedicht bei Coraïs B = Legrand I 52 ff. findet sich verkürzt im Cod. Vat. gr. 579 p. 366—371. Der Schluss von v. 610 an fehlt; auch hat diese Handschrift starke Varianten gegen die Pariser.

[2]) Mai, Nova patrum bibliotheca VI 398 ff. Miller im Recueil des historiens des croisades, historiens grecs II 1881, appendix p. 741 ff. ex Theodori Prodromi carminibus ineditis, und an vielen Stellen der adnotationes im gleichen Band. Miller, Revue archéologique, nouv. série, voll. 25 und 26, annuaire de l'association pour l'encouragement des études grecques en France 1883 p. 18—64. — Alle diese von Miller mitgetheilten Stücke sind aus einer Handschrift der Marciana, Cod. Ven. cl. XI cod. 22, deren Inhaltsangabe zu finden ist bei (Mingarelli,) Graeci codices mss. apud Nanios patricios Venetos asservati, Bononiae 1784, p. 462 ff., cod. 281. Aus dieser dem Allatius (De Theodoris, bei Mai, Nova p. bibl. VI 2, 175 ff.) noch unbekannten Handschrift sind auch, wenn nicht etwas anderes bemerkt ist, sämmtliche an dieser Stelle zum erstenmal gedruckten Stücke entnommen. Die 87 Blätter dieser Handschrift der Gedichte des Prodromus bergen aber noch vieles, was der Historiker zu wissen wünschte. — Die Beschreibung und genaue Inhaltsangabe von Cod. Vat. gr. 305 bei La Porte du Theil, Notices et extraits des mss. VI 516 ff., VII 2, 235 ff.,

Es sind dies Gelegenheitsgedichte im Metrum der 15 silbigen (manchmal auch 12 silbigen) politischen Verse aus den Zeiten der Kaiser Johannes und Manuel und vorwiegend an diese selbst, zum kleineren Theil an hervorragende Persönlichkeiten ihrer Umgebung gerichtet, beglückwünschend, preisend, bittend und bettelnd, condolirend, klagend, aber immer schmeichelnd. Im Verhältniss zum grossen Umfang dieser Poesien ist die historische Ausbeute spärlich und gelegentlich. Wie viele Verse muss man lesen, um unter dem Spreu ein Korn zu finden! Der Wortschwall und die Eintönigkeit der panegyrischen Phraseologie ist ermüdend, aber die Sprache ist leichtverständlich, und manchmal trifft man doch auf Stellen einer ungekünstelten Heiterkeit oder Klage, die eine gute Meinung von der Begabung des Prodromus erzeugen. Das Urtheil des Allatius ist dieses: Iambica et politica non infeliciter producuntur, et si pauca excipias, inter poëtarum non infimi nominis carmina accenseri possent. Habent enim acumen et orationem ingrate non ferres [1]).

VIII 2, 78 ff. Dieses ist die sorgfältigste und umfangreichste von allen bis jetzt dem Prodromus gewidmeten Arbeiten. Auch sind viele Stücke daselbst gedruckt und Nachweise gegeben über die ältere Litteratur. — Die von Bursian aus einer Leipziger Handschrift veröffentlichten 30 Verse eines unbekannten Verfassers aus einer Grabschrift auf Johannes Comnenus (Berichte über die Verh. der k. sächs. Ges. der Wissenschaften XIII 1861 p. 18—23) sind nichts anderes als der Schluss der $Στίχοι$ $ἐπιτάφιοι$ des Prodromus, Notices et extr. VIII 2, 161, vollständig gedruckt bei Mai Nr. XIX. Für die von Bursian beanstandete Lesart $πεντάδα$ (v. 15) hat die vaticanische Handschrift das richtige $τετράδα$. — Matranga, Anecdota Graeca p. 552 ff. (= Mai Nr. VII). Boissonade, Anecdota nova Paris. p. 371 ff. (= Gedeon, $Εἰρήνης$ $Σεβαστοκρατορίσσης$ $ἀνέκδοτον$ $ποίημα$, Athen 1879). Gedichte und Schriften des Prodromus anderweitigen Inhalts: ein astronomisches Gedicht, Miller, Notices et extr. des mss. XXIII 2ᵉ partie, 49 f.; Hercher, Catomyomachie, Leipzig 1873; Boissonade, Anecdota Graeca I 429 ff., IV 430 ff. und 440 f. — Notices et extraits des mss. XI 2ᵉ partie, p. 181 ff. diätetische Vorschriften zu den 12 Monaten, wozu Miller, Journal des Savants 1884 p. 221. Miller, Catalogue des mss. grecs de la bibl. de l'Escurial p. 40—49 Epigramme vorwiegend religiösen Inhalts; Mai, Spicilegium Romanum V 2, 390 ff. Was vor diesem Jahrhundert gedruckt ist, hat La Porte du Theil angeführt.

[1]) De Theodoris, bei Mai VI 188.

Aber Theodorus Prodromus hat kein Glück. Eben, da sich sein litterarisches Eigenthum um werthvolle Stücke bereichern will, sind wir genöthigt, die Rechtmässigkeit dieser Zutheilung zu bestreiten. In einer venetianischen Handschrift seiner Gedichte findet sich eines [1]), womit er den Kaiser Manuel um eine Gunst bittet, ohne die er einer Krankheit, die an ihm zehrt, erliegen zu müssen fürchtet. Hierbei erwähnt der Dichter einen Namensvetter und Collegen so deutlich, dass die Annahme zweier Prodromus aus dieser Stelle nothwendig folgt. Sie lautet also:

v. 11 βλέψον ἐπὶ τὸν δοῦλόν σου καὶ νεῦσον εἰς τὸν οἶκτον,
τὸν σύνεδρον τοῦ θρόνου σου, τὸν πατρικόν σου κλῆρον,
ἰδὲ τὸν ἐπαινέτην σου, τὸν λάλον τέττιγά σου.

. . . .

ἰδοὺ τελέως ἤργησα, καὶ γὰρ ἐγγωνιάζω
25 καὶ κλῆρον ἔχω πατρικὸν τοῦτο τὸ νόσημά μου·
τρέμω καὶ τὴν ἐκμέτρησιν τοῦ κλήρου τῆς ζωῆς μου·
πτοεῖ με γὰρ ὁ Πρόδρομος ὁ προδραμὼν ἐκεῖνος,
ὁ ῥήτωρ ὁ περίφημος, ὁ προτεθρυλλημένος,
ἡ χελιδὼν ἡ μουσουργός, ἡ λαλιστάτη γλῶττα,
30 μὴ τόπον ἑτοιμάζῃ μοι καὶ λίθον καὶ γωνίαν.
μονονουχὶ γὰρ προφωνεῖ καὶ προμαρτύρεταί μοι
καὶ ῥητορεύει καὶ θανὼν παρὰ νεκρῶν κευθμῶνι
καὶ προκηρίττει καὶ βοᾷ καὶ τάδε μοι προλέγει·
ἑτοίμασον, ὁμότεχνε, τὰ σκεύη τῆς ἐξόδου,
35 εὐτρέπισον τοὺς πόδας σου κρηπῖσι (sic) στερροτέραις.
ἤδη γὰρ μέλλεις στέλλεσθαι καὶ σὺ πρὸς ἐκδημίαν.

. . . .

ταῦτα τὰ προφοιβάσματα τοῦ φίλου μοι Προδρόμου
συνέχει καὶ συμπνίγει με καὶ τρύχει καθ᾽ ἡμέραν
καὶ τούτου χάριν δυςωπῶ· λῦσον τὴν αἴτησίν μου
50 καὶ πρόςταξον γενέσθαι μοι τὸ γράμμα σου καὶ πρᾶγμα.

---

[1]) εἰς τὸν αὐτοκράτορα μὴ πειθομένου τοῦ μεγάλου οἰκονόμου τῶν Μαγγάνων τοῦ ἁγίου Κασιανοῦ τάξαι με εἰς τὸ δωρηθὲν ἀδέλφατον παρὰ τοῦ κρατεοῦ καὶ ἁγίου ἡμῶν βασιλέως. Cod. Ven. fol. 43ʳ.

Das Zeugniss dieser Verse, die den redegewandten und berühmten Rhetor Prodromus, die sangreiche Schwalbe, als bereits verstorben melden, giebt uns Veranlassung, von den Lebensumständen des Dichters Prodromus, so viel wir wissen, zu sagen. Vor allem aber ist zu betonen, dass diese Unterscheidung zwischen Rhetor und Dichter nur eine oberflächliche ist und höchstens a potiori gelten könnte. Jener Rhetor hat auch gedichtet, und dieser Dichter rühmt sich, den Kaiser Johannes in Vers und Prosa verherrlicht zu haben. Auch lassen die Gedichte erkennen, dass ihr Verfasser verzweifelt ähnliche Lebensschicksale gehabt hat mit dem Rhetor, den wir kennen, was sich freilich aus der Gleichheit des Berufes erklären mag. Auf der andern Seite stehen die biographischen Notizen, die wir den Gedichten entnehmen, unter sich selbst in heillosem Widerspruch. Schliesslich: ein vaticanischer Codex enthält die Gedichte aus der Zeit des Johannes und die Prosastücke durcheinander gemischt. — Wir bescheiden uns, diese Schwierigkeiten anzudeuten, ohne den Ausweg aus dem Labyrinth angeben zu können.

Zwei Themata, eng mit einander verknüpft, bilden den Hauptinhalt der Gedichte: die Armuth ihres Verfassers und die Verherrlichung der Comnenen, die mit begreiflichem Geschäftseifer betrieben wird. Der Kaiser muss sich einmal sagen lassen: Warum, Sieger in zehntausend Schlachten, ziehst Du gegen die Feinde im Osten, warum rüstest Du und schärfst Dein Schwert, indess Du unbezwungen im Innern Deines Staates zurücklässest den Feind des Prodromus, die böse Armuth? Es scheint, dass dem armen Poeten nichts übrig blieb, als anderweitig seine Angel auszuwerfen. Als aber 1138 Johannes in Constantinopel nach langer Abwesenheit im Triumph wieder einzog, alles Volk bewirthen liess, Spiele herrichtete, und der Freude kein Ende war, erschien auch Prodromus wieder auf dem Plan[1]: Aus der Wüste bin ich zu Dir zurückgekehrt; denn ich hasse die Heuschrecken und den wilden Honig, den ledernen Gürtel und das Gewand aus Kameelshaaren; zu

---

[1] Bei Mai Nr. VIII v. 128: μετὰ τρεῖς ἐνιαυτούς, eine für die Chronologie wichtige Angabe.

der Stadt will ich reden, im Volk mich umtreiben, und Deine Siege zu künden soll meine einzige Sorge sein. In den letzten Jahren des Johannes gelangte ein ehemaliger Schüler des Prodromus zu einer Stelle in der Umgebung des Kaisers, Theodorus Styppiotes, vermuthlich derselbe, der danach unter Manuel so hoch stieg und so jäh stürzte[1]). An ihn schreibt Prodromus, er soll ihm Bericht schicken über die Thaten des Kaisers, dem Monarchen soll er seine Gedichte vorlesen, damit er helfe und ihm zu essen gebe. Der Dichter spricht bereits von seinem Alter[2]) und erinnert seinen Gönner, wie er sich als Knabe an den Gedichten seines Lehrers erfreut habe; jetzt vollends, da die Majestät seinen Versen ein Ohr geliehen, beglückwünschten ihn die Freunde: nun könne es an nichts mehr fehlen, er möge die Lumpen fortwerfen, die Armuth und die Philosophie und sich Pferde halten, Sklaven und Trabanten! Ist dies nun derselbe Prodromus, der in einem der vulgärgriechischen Gedichte als Bittsteller vor dem nämlichen Kaiser erscheint, seit zwölf Jahren verheirathet mit einer reichen, vornehmen Frau, die ihn aber übel behandelt und kurz hält, weil er nichts verdient? Er erzählt dem Kaiser seinen ehelichen Zwist, nennt sich einen alten Mann, Vater von vier Kindern, spricht dabei von seinen vornehmen Gewohnheiten, zu reiten, mit Gefolge auszugehen, und nennt sich den Bettelprodromus[3]). So dass er durchaus als ein Typus jenes an Luxus gewöhnten, bettelhaften Faullenzerthums erscheint, dem man in südeuropäischen Hauptstädten noch immer begegnet.

Das Geschäft ward unter Manuel fortgesetzt, dem sich der Dichter scherzhaft als ein Inventarstück des väterlichen Erbes[4]), ja als Beisitzer und Mitregent aufdrängen will; denn habe er nicht an all' seinen Thaten und Anstrengungen theilgenommen, wenn auch nur mit den Flügeln der Rede?

---

[1]) Cinn. 184; Nic. 145 ff.; Rahewin III 47; Gedicht an ihn bei Mai Nr. IX.

[2]) Bei Mai Nr. V 18: $\gamma\tilde\eta\varrho\alpha\varsigma$.

[3]) Revue archéologique nouv. série 29, 60 ff., v. 84: $\dot\epsilon\xi\acute o\delta o\upsilon\varsigma$ $\dot\epsilon\chi o\nu\tau\epsilon\varsigma$ $\pi o\lambda\lambda\grave\alpha\varsigma$, $\epsilon\dot\iota\varsigma\acute o\delta o\upsilon\varsigma$ $\delta\grave\epsilon$ $\dot o\lambda\acute\iota\gamma\alpha\varsigma\cdot$ dieses an den Sebastocrator gerichtet. Das andere, ebenda p. 184 ff.: $\pi\varrho\grave o\varsigma$ $\tau\grave o\nu$ $\beta\alpha\sigma\iota\lambda\acute\epsilon\alpha$ $M\alpha\upsilon\varrho o\ddot\iota\omega\acute\alpha\nu\nu\eta\nu$.

[4]) Man sehe die auf S. 46 angeführten Verse.

f. 27ᵛ εἰς τὸν αὐτὸν αὐτοκράτορα κτλ.

v. 55 ἱδροῦντί σοι συνίδρωσα, κἂν μὴ συνίππευσά σοι,
ἱππεύοντι συνίππευσα τῷ πτερωτῷ μου λόγῳ,
οὐχ ὅτι λόγον πτερωτὸν ἐκ τέχνης ἐκτησάμην —
οὐχ οὕτω μεγαλότολμος ἐγὼ πρὸς τὰ τοιαῦτα —
ἀλλ' ὅτι φύσει πέφυκε ταχύτατος ὁ λόγος.

Endlich aber kam die kaiserliche Gnade vollen Stromes, und Prodromus erhielt als ersehnten Lohn eine Pfründe im manganischen Stift[1]). Drei Jahre später, etwa 1150, bedankt er sich aufs neue für diese Wohlthat und besingt den Kaiser in allen Tonarten; dann aber stösst die Verlängerung der Beleihung auf Hindernisse; alle Bemühungen des alternden Poeten, sich die verlorene Gunst wiederzugewinnen, scheinen vergeblich.

f. 28 ʳ εἰς τὸν αὐτὸν αὐτοκράτορα δεητήριος περὶ τοῦ ἐν τοῖς Μαγγάνοις ἀδελφάτου.

πέμψον ἐκ τῶν βολίδων σου χρυσάκτινα σπινθῆρα,
v. 10 δινάμενον τὸ ψύχος (sic) μου θερμαίνειν ἐτησίως,
μᾶλλον μὲν οὖν τὰ ψύχη μου, διττὰ γὰρ ἔχω κρύη,
τὸ μὲν καταπνευόμενος ὑπὸ πικρᾶς ἐνδείας,
τὸ δὲ καταψυχόμενος ἀπὸ ταλαιπωρίας.
ὁ στάχυς ἔκλινεν εἰς γῆν, ὁ σῖτος ἐπεπάνθη·
15 τῆς κεφαλῆς μου τὸ λευκὸν τὸν χωρισμὸν μηνύει
. . . .
μὴ δὲ παρίδῃς γέροντα καὶ ταῦτα ῥήτορά σου,
ὑφηγητὴν τῶν ξένων σου καὶ περιφήμων ἔργων,
70 ἄστεγον ἔτι ψύχεσθαι περιπεπλανημένον,
μὴ γεγονὼς κατάψυχρος ὀλέσῃ καὶ τὴν τέχνην
καὶ τὸν ῥητορικώτερον ἀποβαλεῖται[2]) λόγον.
ἰδοὺ παρῆλθεν ὁ καιρὸς σύμπας ὁ τῆς νηστείας·
τὰς ψυχικὰς ἐπλήρωσα πρὸς τὸν θεὸν αἰτήσεις.
75 τὰ δ' ἄλλα τὰ σωματικὰ λοιπόν μοι κατελείφθη
καὶ ταῦτα νῦν αἰτοῦμαί σε τὸν αὐτοκράτορά μου.

---

[1]) bei Miller p. 754 ff.
[2]) d. h. ἀποβάληται.

θεὸς γὰρ σὺ μετὰ θεὸν δούλων πληρῶν αἰτήσεις,
καὶ πλήν σου (sic) κύριος οὐδεὶς εἰς ταύτας τὰς δεήσεις.
166 ναὶ πρὸς αὐτῆς τῆς βλάστης σου, ναὶ τῆς μονογενοῦς σου,
τῆς κόρης τῶν ὀμμάτων σου, τῆς μέσης σου καρδίας,
τῆς ἔτι νῦν ὑπὸ μαζὸν, τῆς ἔτι θηλαζούσης
καὶ βασιλείῳ στέμματι δεσποινικῶς στεφθείσης
. . . .
τεῖνον δακτύλους εὐσθενεῖς, ἅψαι ποτὲ γραφίδος
καὶ βάψον ταύτην εἰς ὑγρὸν πυρόχρουν ἐρυθραῖον
καὶ δώρησαί μοι καὶ σκηπὴν κωλυτικὴν τοῦ ψύχους
180 καὶ χρονικὴν διατροφὴν στηρικτικὴν τοῦ γήρως,
δεύτερον ἀμετάβολον πρῶτον ἐν ταύτῃ στίξας,
τὸ μὴ μεταβαλλόμενον μετὰ τὸ σημανθῆναι,
ἀλλὰ πιστοῦν καὶ βεβαιοῦν τὸ φιλοτίμημά σου
καὶ τὸ μεγαλοδώρημα τὸ ζωτικὸν καὶ τρέφον.
185 σοὶ δ᾽ ἀντὶ ταύτης τῆς ζωῆς, ἥν μοι βραβεύεις, ἄναξ,
ἀντὶ τῆς ἐνσημιάνσεως, ἣν μέλλεις ἐγχαράττειν,
ζωὴν τὴν ἀτελεύτητον ὁ ζωοδότης δοίη
καὶ σήμανσιν ἀνάγραπτον ἐν τῇ τῶν ζώντων βίβλῳ
καὶ κράτος πολυχρόνιον μετὰ λαμπρῶν τροπαίων.

Ein Gedicht gleichen Inhalts fol. 25ᵛ, wo es gegen Schluss heisst:

δῶρόν μοι λόγου δέδωκας, ἀλλ᾽ οὐχ ὁρῶ τὴν χάριν·
ἔχω τὸν χάρτιν ἐν χερσὶν, ἀλλὰ τὸ γράμμα βλέπω,
καὶ προςκυνῶ τὴν ἐρυθρὰν γραφὴν τοῦ καλλιγράφου.
105 τὸ πνεῦμα δὲ τοῦ γράμματος οὐκέτι κατοπτεύω.
δὸς πνεῦμα καὶ τῷ γράμματι· γραφήτω καὶ τὸ πνεῦμα,
ὁ τοῦ χρυσοῦ σου στόματος προςτακτικός σου λόγος·
εἰκόνα φέρω κατὰ νοῦν· σκιὰν φιλῶ τοῦ δώρου.
στεροῦμαι τῆς ὑπάρξεως καὶ πάλιν ἱκετεύω.
110 εἶδε τὸν χάρτιν ὀφθαλμὸς, ἤκουσεν οὖς τὴν χάριν,
ἀλλὰ τοῦ δώρου τὸ ποιὸν ἡ γεῦσις οὐκ ἐπέγνω
οὐδ᾽ ὄσφρησις ἐτρύφησεν αὐτοῦ τὴν εὐωδίαν.

Aus der Erwähnung der eben erfolgten Geburt von Manuels erster Tochter ergiebt sich ein Anhaltspunkt, um zu bestimmen, wann Prodromus in Ungnade fiel. Freilich steht der Monat zwar, aber nicht das Jahr dieser Geburt genau fest [1]). Was die Ursache seines Glückswechsels war, ist einstweilen unbekannt; vielleicht aber war seine Verbindung mit der Sebastocratorissa, der Schwägerin Manuels, nicht ohne Einfluss darauf. So ist der Dichter Michael Glycas auf einen politischen Verdacht hin eingekerkert und im Gefängniss geblendet worden [2]). An jene Prinzessin nun, der Tzetzes seine Theogonie und Constantin Manasses seine Chronik in Versen gewidmet hatte, sind zahlreiche Gedichte des Prodromus gerichtet; auch machte er sich, zumal ihm vom Kaiser nichts mehr zu hoffen stand, zum Sprachrohr ihrer Klagen, zu denen sie, durch allerhöchsten Willen in das Kloster des Pantocrator verbannt und streng beobachtet, reichlichen Anlass hatte [3]). Ihr klagt er auch seine Leiden und hofft, sie werde seinen Hunger stillen.

fol. 71ʳ *πρὸς τὴν σεβαστοκρατόρισσαν δεητήριος* (einige Verse daraus bei Mingarelli, 468).

v. 60 *εἶχον ἐλπίδα πρὸ καιροῦ τυχεῖν τινος ἐπάθλου*
ἀπὸ χειρὸς βασιλικῆς τῆς ἐρυθρογραφούσης,
ἐφ' οἷς ἐπόνησα μοχθῶν ἐξ ὅλης τῆς ἰσχύος

---

[1]) Bei Miller p. 341 ff. ein Gedicht auf dieses freudige Ereigniss, worin die Kaiserin abwechselnd mit der Rebe, dem Palmbaum und der Rosenknospe verglichen wird, die sich öffnet und Frucht trägt in der Jahreszeit, wo alles sich zum Blühen regt. V. 34 wird ausdrücklich der März genannt. V. 55 ff. lauten:

ὦ παραδείσου Κομνηνῶν ἐκλελεγμένε φοῖνιξ,
ὡς εἰς καλὸν ἐξήνθησας ἐν κύκλῳ τῷ δεκάτῳ
κάλλιστον τοῦτο σύμβολον καὶ τέλειος ὁ τόκος,
ἡ γὰρ δεκὰς ἐν ἀριθμοῖς ὡς τέλος καὶ τελεία
καὶ τὸ τοῦ κύκλου τέλειον τὸ κράτιστον ἐμφαίνει.
τὸ δὲ τῆς ὥρας εὐανθὲς τὴν ὥραν προσημαίνει.

Wenn der *δέκατος κύκλος* das zehnte Jahr bezeichnet, sind die Regierungsjahre des Kaisers oder die Jahre der Ehe mit Irene gerechnet? 1153 oder 1156? Cinnamus 118 würde mehr mit dem ersteren Datum stimmen. — Ueber die Zeitgrenze der Gedichte auf Manuel siehe S. 54.

[2]) Legrand, Bibl. grecque vulgaire I 18 ff. ein Gedicht des Glycas. Es scheint zweifellos, dass er bei dem Sturz des Styppiotes mit in die Untersuchung verwickelt wurde.

[3]) Fol. 49ᵛ an den Kaiser: ὡς ἀπὸ τῆς σεβαστοκρατορίσσης· besonders auch annuaire de l'assoc. 1883 p. 20 ff.

καὶ ζέοντας ἐκένωσα λογογραφῶν ἱδρῶτας.
ἀλλ' ἡ τὸ πρὶν ἐκ γενετῆς συνήθης ἀτυχία
65 καὶ τῶν ἁμαρτημάτων μου τὸ πλῆθος ὑπερέσχε.
καίτοι τοῦ φιλαγάθου σου σπουδάσαντος τοσαῦτα
μεμονωμένη τὸ λοιπὸν ἐλπίς μοι κατελείφθη,
ἡ φιλοχριστοτάτη σου καὶ φιλοικτίρμων φύσις,
καὶ ταύτην ἄρτι δυςωπῶ· ναὶ ταύτην ἱκετεύω,
70 μὴ ταύτην τὴν ἐλπίδα μου τὴν μόνην καταισχύνῃς
μηδὲ τὴν προςδοκίαν μου ματαίαν ἀποδείξῃς.

Gewöhnlich liest man, wo von Theodorus Prodromus die Rede ist, er sei zuletzt in ein Kloster gegangen und habe als Mönch den Namen Hilarion angenommen. Diese Behauptung gründet sich auf eines der unter dem Namen des Dichters überlieferten vulgärgriechischen Gedichte, worin ein Mönch Hilarion dem Kaiser Manuel lange und begründete Klagen vorträgt über die jämmerlichen und ungesetzlichen Zustände in seinem Kloster, dem des Philotheos, auch schliesslich den Kaiser bittet, ihn herauszunehmen und in das Georgskloster zu versetzen, überhaupt aber eine Visitation zu veranstalten[1]). — Als Geistlicher (πάππας) erscheint auch der Verfasser eines zweiten derartigen Gedichtes. Nur möchte dieser am liebsten seine geistlichen Kleider ausziehen und Handwerksmann werden. Denn die Reichthümer und Ehren, die ihm der Vater als Frucht des Studirens in Aussicht zu stellen pflegte, sind ausgeblieben: der Bratengeruch vom Nachbar Schuster steigt ihm in die Nase, indess er hungernd nach einem Stück Brot die Versfüsse nachzählt.

Kann aber der Verfasser dieser Gedichte wirklich mit einem jener Prodromus identisch sein, da er sich als ἀγράμματος in Gegensatz stellt zu den Rhetoren und Philosophen,

---

[1]) Der Grieche Coraïs, der das Gedicht zuerst herausgab (1828), nahm daraus Veranlassung, in einer langen Vorrede seine Landsleute vor Despotismus und Priesterherrschaft zu warnen. — Eine Novelle Manuels über Klostervisitation Leunclavius, Jus Graeco-rom. I 141. In dieses Capitel gehört auch die von Tafel übersetzte Schrift des Eustath, Betrachtungen über den Mönchsstand, 1847.

Nothwendigkeit weiterer Untersuchungen. 53

οἵτινες ὦσιν δυνατοὶ τοῦ γράφειν καὶ στιχίζειν
καὶ συγγραφὰς νικητικὰς ἡρωϊκὰς συμπλέκειν[1]) —?

Es wäre ein Ausweg, anzunehmen, dass Prodromus seine poetische Begabung verschiedenartigen Personen zur Verfügung gestellt hätte. Viele seiner Gedichte sind zweifellos auf Bestellung hin und Bezahlung entstanden, Bittschriften, Grabschriften, Votivschriften in Versen; manche sind diesen Bestellern in den Mund gelegt, wie das Klagegedicht der Sebastocratorissa auf den Tod ihres Mannes, was einen Herausgeber verführt hat, die Prinzessin für die Verfasserin auszugeben[2]). Wieder andere sind blos Uebungsstücke[3]).

Wir erhoffen die Lösung dieser biographischen Schwierigkeiten von einer weiteren Erforschung der Werke der beiden Prodromus, für die wir gern das Interesse geweckt sehen möchten. Eine sichere Unterscheidung und Zutheilung ist auf Grund des von uns benutzten gedruckten und handschriftlichen Materials noch nicht möglich. So viel aber ist gewiss, dass neben dem ἀοίδιμος ἐν σοφοῖς Θεόδωρος ὁ Πρόδρομος, wie ihn einmal Eustath bezeichnet[4]), ein zweiter dieses Namens angenommen, und das Verzeichniss der in der griechischen Litteratur vorkommenden Theodori, wie es Allatius entwarf, um einen vermehrt werden muss.

---

[1]) Bei Coraïs B 13—20. Miller folgert aus der Erwähnung von Geldstücken mit Manuels Bild (μανουλᾶτα) in dem Gedicht A v. 66, der Verfasser müsse unter der Regierung dieses Kaisers geboren oder erzogen sein.

[2]) Es ist das von Boissonade in den Anccd. nova und danach von Gedeon herausgegebene Gedicht. Ueber den Irrthum Gedeons Miller im Journal des Savants 1880 p. 327.

[3]) Eine seltsame Ueberschrift fol. 74v:
ἐπιτάφιος ἐπὶ τῷ Ἀντιόχῳ τελευτήσαντι καὶ παραμυθητικὸς ὁμοῦ τῇ συζύγῳ αὐτοῦ καὶ θυγατρί, τῇ δὲ ἀληθείᾳ λόγος δεικνὺς, πῶς δεῖ πενθήρεις γράφειν λόγους ἐπὶ τοῖς ἀποιχομένοις· οὐδὲ γὰρ ἀνάγκη μοί τις, τοιοῦτον πρὸς γυναῖκα γράφειν γραμμάτων ἀμέτοχον καὶ ἄλλως μὴ δυναμένην ἐπιβάλλειν πλοκὴν λόγων.

[4]) Mai, Spicil. Rom. V 2, 174.

Zwei Beilagen.

1. Die Gedichte des Prodromus als Geschichtsquelle. Deutschgriechische Beziehungen in der Zeit des zweiten Kreuzzuges.

Die Gedichte des Prodromus begleiten die Kriege und Siege der „Römer" oder „Ausonier" in der zweiten Hälfte der Regierung des Kaisers Johannes und in der ersten Hälfte von Manuels Regiment. Die Zeitgrenze wird sich erst genauer bestimmen lassen, wenn ein vollständiger Ueberblick der ungedruckten Werke möglich ist. Doch ist mir kein Gedicht vorgekommen, welches über die Zeit der Eroberung Ciliciens und den Triumphzug Manuels in Antiochien nebst den Unternehmungen gegen Nureddin, die sich daran schlossen, hinausreichte[1]. Bei geduldiger Prüfung wird sich ein schätzbarer Gewinn an Daten und Thatsachen ergeben, Chronologie und Genealogie insbesondere würden manche Berichtigung erfahren. Für uns kommen zunächst in Betracht einige neue Aufschlüsse, die die deutsche Geschichte betreffen.

I.

Im Januar 1146 wurde die Heirath Manuels mit der Schwägerin des deutschen Königs Konrad III. vollzogen.

Man hat bis heute angenommen, die Braut sei das Jahr zuvor von einer deutschen Gesandtschaft nach Constantinopel gebracht worden. Es ist aber ganz anders. Schon zu Lebzeiten des Johannes ward sie dahin geleitet und hatte wohl die paar Jahre durch manche schwere Sorge, ehe es zur Hochzeit kam. Wir wollen zunächst die Thatsache feststellen, und des politischen Moments, das darin zum Ausdruck kommt, nachher gedenken.

Die Feier der Ankunft der deutschen Prinzessin in der Hauptstadt hat sich Prodromus nicht entgehen lassen. Er hat

---

[1] Eine Aufzählung seiner Gedichte auf Johannes giebt Prodromus bei Mai Nr. IX v. 18—25. Das Gedicht vom Einzug in Antiochien bei Miller, Recueil p. 819 ff., der Sieg über Nureddin erwähnt im Eingang des vulgärgriechischen Gedichtes bei Coraïs A.

ein Gedicht¹) dazu gemacht, worin man ein seltsames Argument dafür findet, dass Constantinopel, „das neue Rom", das alte überrage und ihm gebiete. „Denn wenn das alte Rom (d. i. das römisch-deutsche Reich) die Braut sendet, du aber den Bräutigam", ruft er Byzanz zu, „und der Mann das Haupt des Weibes ist, so bist auch du das Haupt geworden, und das alte Rom ist nur mehr ein Glied von dir." Der Reihe nach werden dann der junge Manuel, König Konrad und die Braut apostrophirt, „die Rebe aus dem Westen, die nun verpflanzt wird in die kaiserlichen Gärten"; Anfang aber und Schluss ist das Lob des Kaisers Johannes, an den das Ganze gerichtet ist. Es ergiebt sich nun aus V. 30, der an Manuel sich wendet:

ἆρον τὸν μέγαν ὀφθαλμὸν ἐξ Ἰσαυρίας μέσης,

dass der Prinz zur Zeit der Ankunft der ihm bestimmten Braut fern von der Hauptstadt in Isaurien war. Kaiser Johannes hatte die Hauptstadt im Januar 1141 verlassen, war dann mit den zwei ältesten Söhnen Alexius und Andronicus und dem jüngsten, Manuel, nach Phrygien aufgebrochen und führte Kriege in Isaurien, Cilicien und Syrien bis zu seinem Tod am 8. April 1143. Aber noch vor dem Kaiser hatte der Tod rasch hinter einander die beiden ältesten Söhne weggerafft und damit Manuel die Aussicht auf den Thron eröffnet. Man wünschte zu wissen, ob die Ankunft der deutschen Prinzessin vor oder nach diesen wichtigen Ereignissen erfolgt ist. Hier aber kommt uns eine Angabe des Geschichtschreibers Cinnamus zu Hülfe. Die deutsche Braut, sagt er, sei von den Prinzessinnen des kaiserlichen Hauses eingeholt worden²), unter denen sich auch die Gattin des Thronfolgers, des βασιλεὺς Alexius befand.

---

¹) στίχοι εἰσιτήριοι ἐπὶ τῇ νυμφευθείσῃ ἐξ Ἀλαμανῶν τῷ πορφυρογεννήτῳ κυρῷ Μανουὴλ καὶ σεβαστοκράτορι, bereits 1850 gedruckt bei Matranga, Anecdota Graeca 552 ff., dann besser bei Mai Nr. VII. Das Gedicht besteht aus 5 12zeiligen Strophen; in der vierten muss ein Vers verloren sein. — Ich will hier die Bemerkung anschliessen, dass in der Escurialbibliothek ein λόγος ἐπιτάφιος ἐπὶ τῇ ἐξ Ἀλαμανῶν δεσποίνῃ vorhanden ist (Miller, Catal. p. 212).

²) Dies wird bestätigt durch V. 55 des Gedichts:
τὰς μὲν ἀνάσσας πρόςπτυσσε τάς σοι προςυπαντώσας.

Da diese ein dunkelblaues Gewand[1]) trug, die Ankommende sie aber nicht kannte und auch das dunkle für schwarz hielt, so habe sie als Fremde die Umstehenden gefragt, wer denn jene Nonne sei mit dem prächtigen Schmuck. „Dies aber wurde von allen, die es hörten, als eine böse Vorbedeutung betrachtet, die denn auch bald von den Thatsachen bestätigt wurde." Damit kann gar nichts anderes gemeint sein, als der bald nachfolgende Tod des Alexius, der die Wittwe zwang, schwarze Trauerkleidung anzulegen, wohl auch, wie dies in Constantinopel die Regel war, sich in ein Kloster zurückzuziehen.

Da Alexius aller Wahrscheinlichkeit nach 1142 gestorben ist[2]), so hat auch die Ankunft der deutschen Prinzessin spätestens in diesem Jahre stattgefunden[3]). So dass sie also fast vier Jahre bis zur Hochzeit hat warten müssen.

[1]) Cinn. 36: κυαναυγές. Es ist die Farbe des Sebastocrator. In einem Gedicht des Prodromus klagt die Wittwe des Andronicus, des zweiten Sohnes des Johannes, sie wolle nicht mehr das arabische Ross des Todten sehen, noch seine Jagdfalken und Hunde, auch nicht mehr die dunkelblaue Farbe:

κυανῇ χρόα ...
τοὺς γὰρ χαλίνους ἱστορῶ τοῦ φιλτάτου
καὶ τῶν φαλάρων καὶ πεδίλων τὴν χάριν
ὅλην βαφεῖσαν τῇ βαφῇ καὶ τῇ χρόᾳ
εἰς δεῖγμα σαφὲς τῆς λαχούσης ἀξίας
καὶ βάπτομαι μέλανι τὴν ψυχὴν ὅλην.

(Boissonade, Anecd. nova v. 182 ff.) Der Schmuck ἐκ χρυσοῦ καὶ πορφύρας, von dem Cinnamus spricht, hängt mit der Auszeichnung des Alexius als βασιλεὺς zusammen (Nicetas 51). — Die Stelle des Cinnamus ist von Bernhardi, Konrad III. (I 415) missverstanden. ἡ Ἀλεξίῳ βασιλεῖ ἥρμοστο heisst: die mit A. verheirathet war, nicht: seine Wittwe. Der nämliche Sprachgebrauch bei Nicetas 68, 6.

[2]) Dieses Datum ergiebt die Combination zweier Stellen des Prodromus und Cinnamus. Ersterer sagt von Andronicus (Boissonade, Anecd. nova v. 87 ff.):

μόγις ἐπανέζευξας ἐκ τῆς Ἀτάλου,
μόλις μετῆλθες εἰς τὸ πάτριον πέδον
διπλοῦν ἐνιαύσιον ἀνύσας δρόμον.

Alexius ist etwas früher als Andronicus gestorben und beide, ehe Johannes nach Cilicien ging (Cinn. 24). Die betreffenden Stellen des Nicetas sind chronologisch ganz unzuverlässig.

[3]) Dies wird bestätigt durch den Brief des Kaisers Johannes an König Konrad von 1142 (Otto Fris. gesta Frid. I 24), worin als besonderer

Auf den Gesammtverlauf der griechisch-deutschen Verhandlungen in den Jahren vor dem zweiten Kreuzzuge fällt hiermit ein überraschendes Licht. Kaiser Johannes wünschte für seinen jüngsten Sohn Manuel eine Blutsverwandte des deutschen Königs zur Gemahlin. Immer schon hat man bemerkt, dass König Konrad dem Wunsch nicht ganz entsprochen habe und statt der „regalis sanguinis puella" nur von der Schwester seiner Gattin, einer Gräfin von Sulzbach, habe wissen wollen. Diese wurde denn auch 1142 nach Constantinopel geleitet. Wie sehr aber musste man daselbst unzufrieden sein mit dieser Verlobung, als durch ein unerwartetes Geschick die zwei ältesten Söhne des Kaisers hinwegstarben und mit Uebergehung des dritten der jüngste, Manuel, zum Nachfolger bestimmt wurde. Sollte nun eine deutsche Gräfin Kaiserin werden und, wie man doch in Constantinopel dafür hielt, den ersten Thron der Welt besteigen? Schon in der letzten Zeit des Johannes rissen die Verhandlungen mit Deutschland ab; eine ganz entgegengesetzte Combination wurde angeknüpft: man trat in Verbindung mit dem sicilischen Hof der Normannen[1]). Als dann Manuel 1143 den Thron bestieg, dauerten die gespannten Beziehungen zu Deutschland fort, da sie denn aller Wahrscheinlichkeit nach in der Weigerung, die Heirath mit der Schwägerin König Konrads zu vollziehen, zum Ausdruck kamen. Als aber zwei Jahre später, 1145, endlich eine griechische Gesandtschaft in Deutschland erschien, um eine Annäherung herbeizuführen, hing es wohl mit den nämlichen Verwicklungen zusammen, dass der Gesandte so schroff und anmassend auftrat, und der König danach drei Tage lang sich weigerte, ihn vorzulassen. Schliesslich ward der Bischof von Würzburg nach Constantinopel geschickt, und ihm gelang es, die Schwierigkeiten zu ebnen, so dass nach Epiphania 1146 die Hochzeit stattfand[2]): „persuasit,...

Zweck seiner Gesandtschaft bezeichnet wird „susceptio nobilissimae cum Deo futurae nurus imperii mei".
[1]) Cinnamus 91.
[2]) Eine Stelle in den Scholien zu des Tzetzes Homerallegorien darf wohl auf dieses Ereigniss bezogen werden und beweist, wie sehr die Gemüther der Hauptstadt davon erfüllt waren. Es heisst bei der Erscheinung

omnia sapienter et solerter ordinans, rühmt Otto von Freising von dem Bischof. — Es mag aber sehr wohl sein, dass Otto von Freising absichtlich die Darstellung dieser Verhandlungen verdunkelt hat [1]), und dass die Werbung um eine „regalis sanguinis puella" gar nicht von Anfang an vorlag, sondern erst dann geltend gemacht wurde, als es sich nicht mehr um die Gattin eines jüngeren Prinzen, sondern um die künftige Kaiserin handelte.

II.

Ueber die Beziehungen freundlicher und feindlicher Art, die im Jahre 1147 zwischen den Griechen und dem Heere deutscher Kreuzfahrer eintraten, herrscht insofern Unklarheit, als die Nachrichten des Cinnamus von der einen Seite als glaubwürdig betrachtet, von der anderen Seite aber verworfen werden. Was ein Zeitgenosse wie Prodromus darüber verlauten lässt, wird man daher mit Interesse vernehmen.

Das erste Fragment handelt vom Heranzug des deutschen Königs und beweist, dass die Griechen nicht weniger von der bösen Absicht der Deutschen überzeugt waren, als diese von den griechischen Tücken, so dass die Historie in Stand gesetzt ist, die gegenseitigen Anklagen auf ihr richtiges Mass zurückzuführen.

fol. 30r ϑρόνῳ δὲ ταὐτόγλωσσον ἐγκατιδρύσω,
ὡς ἱεραρχῶν κατὰ Ῥωμαίων ἔϑος

---

eines Kometen: ὥσπερ καὶ ὁ Τζέτζης προειπὼν περὶ τοῦ βασιλέως γάμου, ὅτι μετὰ ἑπτὰ μῆνας γενήσεται, Ἰανουάριος μὴν οὐκ ἀδόκιμος ἐφάνη περὶ τὴν πρόρρησιν (scholia ad alleg. Iliadis in IV Il. v. 67, bei Matranga, Anecd. Gr. p. 609). Die Stelle ist auch bemerkt von Hart p. 11 f.; nur hat er falsche Jahreszahlen.

[1]) Die Beziehungen Friedrichs I. zum griechischen Hof nöthigten den Geschichtschreiber zu einer gewissen Reserve. Die Auswahl der Actenstücke (gesta Frid. I 23. 24) über eine der nächsten Vergangenheit angehörende Angelegenheit war dadurch bedingt. Man erkennt es daran, dass der Brief des Kaisers Johannes nicht als Antwort auf den voranstehenden König Konrads angesehen werden kann. Auch Jaffé (Das Deutsche Reich unter Konrad III. S. 100 Anm. 52) ist dieser Meinung.

ἄζυμα θύσει τὴν νομικὴν θυσίαν.
ταῦτα προϋπέγραψεν ἐν τοῖς ἐγκάτοις
καὶ τοῖς νεφροῖς ἔκρυψε καὶ συνεκρύβη,
ἀλώπεκος μὲν ὑπόκρισιν δεικνύων,
ἐντὸς δὲ κρύπτων τὴν ὅλην σκαιωρίαν
καὶ τοῦ προβάτου τὴν δορὰν ἔξω φέρων,
ἀναιρέτην λύκον δὲ καλύπτων ἔσω
καὶ τὸν χαμαιλέοντα τοῖς τρόποις γράφων,
τοῖς ποικίλοις χρώμασι τῶν βουλευμάτων
καὶ τοῖς ἐπίπλοις τῶν ἔσω μυστηρίων
δίκην καλύπτων καὶ παραπετασμάτων
τοὺς βαρβαρικοὺς ἀποτειχίζων λόχους
ὥς τισι λόγχμαις (sic) τοῖς κατασκίοις δόλοις.
ταῦτα προγράψας καὶ καλύψας ἐν σκότει,
τῇ λανθανούσῃ τῆς δίκης ὑποκρίσει
ἐπεστράτευσε σὺν στρατιᾷ μυρίᾳ [1]).

Die folgenden Verse handeln von der Befestigung der Hauptstadt und beweisen durch das Datum des September (1147), wie lang die griechische Regierung in ihrer friedlichen Ueberzeugung unbesorgt geblieben ist um ihre eigene Sicherheit. Am 7. September standen die Deutschen schon in der Nähe der Hauptstadt, bei Choerobacchi [2]).

fol. 35ʳ. ἀπὸ τῆς πόλεως εἰς τὸν αὐτοκράτορα, ὅτε κατέλαβον [3]) οἱ ῥῆγες ὁ Ἀλαμανίας καὶ ὁ Φραγγίας.

. . . .

---

[1]) Die an σὺν στρατιᾷ μυρίᾳ anschliessende Fortsetzung des Gedichtes bei Miller p. 220 ff. Doch ist die Verszählung daselbst nicht richtig. Miller hat die Verse fol. 30ʳ als Fortsetzung des fol. 29ʳ beginnenden Gedichtes gezählt. Dieses aber hat 15silbige politische Verse, indess auf fol. 30ʳ mit einem Mal 12silbige anfangen (bis f. 33ʳ). Es muss hier etwas an der Handschrift in Unordnung sein. Ich habe desshalb die obenstehenden Verse, wie sie auf fol. 30ʳ erste Zeile anfangen, ohne Angabe der Verszählung gelassen.

[2]) Otto Fris. gesta Frid. I 45. Von der Befestigung von Constantinopel, doch ohne das richtige Datum, Nicetas 82. Bei Cinnamus 75 bewundert König Konrad die festen Thürme.

[3]) καταλαμβάνω = appropinquare wie bei Cinnamus 159, 14.

ἐξήνθησαν τὰ τείχη μοι καθάπερ αἱ κοιλάδες,
ἐξέστησαν οἱ βλέποντες Ἀλαμανοὶ καὶ Φράγκοι.
40 ἤνθουν ὡς κρίνον τὸ λευκὸν, τὸ κόκκινον ὡς ῥόδον,
ὡς κρόκον τὸ χρυσόχροιον, τὸ πράσηνον ὡς χλόην,
τὴν οὐρανόχροιν δὲ βαφὴν, ὡς ἄνθος ὑακίνθου,
ὡς ἴον τὸ λεγόμενον, τὸ κατοξέος χρῶμα,
καὶ πάντες κατεπλάγησαν τῇ παραδόξῳ θέᾳ.
45 τῶν δένδρων μὲν ἡ κίνησις καὶ τῶν φυτῶν ἡ βλάστη
ἀπὸ μαρτίου γίνεται καὶ γῇ χλοάζει τότε,
ἐγὼ δ᾽ ἠρξάμην ἀναζῆν ἀπὸ τοῦ σεπτεμβρίου
καὶ κατὰ τὸ φθινόπωρον χλοάζω καὶ νεάζω.

. . . .

πῶς τῶν ἐχθρῶν ὑπέμεινας τὰς ὑπερηφανίας,
καὶ πῶς ἐμακροθύμησας ἐκείνων ἀτακτούντων,
καὶ κτείνοντας οὐκ ἤθελες ἐκείνους ἀντικτείνειν,
85 καὶ τέλος στέφος ἔλαβες ἐκ τῆς μακροθυμίας,
ἐκεῖνοι δὲ κατάγελων ἐκ τῆς μιαιφονίας.
καὶ νέος γέγονας Δαυὶδ μακρόθυμος καὶ πρᾶος.

Die Verse 88—93 sind nebst anderen Bruchstücken dieses Gedichtes gedruckt bei Miller p. 758 f.

εἴδετε καὶ μακρόθυμον σφριγῶντα βασιλέα
95 καὶ Σολομῶντα δεύτερον υἱὸν Δαυὶδ τοῦ πράου,
καὶ τὸ παραδοξότερον εἴδετε, νέου γνώμην
ἀμειβομένου τοὺς ἐχθροὺς ἐν ταῖς εὐεργεσίαις.
κἂν ἔστι τι καὶ παρ᾽ ὑμῖν τοιοῦτον, ἐγκαυχᾶσθε·
εἰ δ᾽ ἔστι μόνον ἔπαρσις καὶ τῦφος καὶ κουφότης,
100 μάτην λοιπὸν μεγάλαυχοι μεγαλορρημονεῖτε.

. . . .

191 καὶ μείζων πάντων τῶν πρὸ σοῦ καὶ Σολομών τις νέος
φρονήσει τρέψας τοὺς ἐχθροὺς καὶ δώρων ἀπο-
δέσμοις[1])
ἁδροῖς, ἁβροῖς, βασιλικοῖς καὶ μεγαλοπρεπέσι,
καὶ μὴ θελήσας αἵμασι τὰς χεῖρας καταχράναι (sic).

. . . .

---

[1]) Geschenke erwähnt Cinnamus 82.

vor Constantinopel 1147.

210 σὺ γὰρ ἐχθροῖς με δυνατὴν εἰργάσω καὶ σφριγῶσαν·
σύ μου τὸ γῆρας ἔξεσας, ἔκρυψας τὰς ῥυτίδας,
καὶ πάλιν ἀνεκαίνισας κοσμήσας καὶ φοινίξας
καθάπερ ἐρυθήμασιν Ἀλαμανῶν τοῖς φόνοις
καὶ τοῖς ἐκείνων αἵμασιν ὡς φύκει με λαμπρύνεις.
215 ἐξ ἔργων ἄναξ ἔδειξας τὴν πρεσβυτέραν Ῥώμην
καὶ γραῦν καὶ μάμμαν καὶ τροφὸν τῆς Ῥώμης σου τῆς νέας.
ὡς γὰρ ἀκμάζων καὶ σφριγῶν ὑπερτερεῖ γερόντων,
οὕτως ὑπὸ τῆς ῥώμης σου καὶ τοῦ στερροῦ σου κράτους
ἡ νέα Ῥώμη γέγονε τῆς γραίας ὑπερτέρα.

fol. 31 v.

ὁ μὲν[1]) γὰρ ἐφλέγμαινεν οἷς προεσκύπει,
καὶ πρὸς τὸν ὅλμον ἀφορῶν τῶν ἐνθάδε
ἔσωθεν ὡς θὴρ ἐσπαράττετο βρύχων,
ὅταν τις αὐτὸν ἐν ξιφηρίῳ βάλοι.
σὺ δὲ προτυπῶν χριστομιμήτοις τρόποις
τοῦ πρωτοτύπου τὸ πρόσωπον δεσπότου,
ὁ χριστοκλητώνυμος[2]), ὁ πρᾶος φύσει,
αἵμασι χραίνειν μὴ θέλων τὰς παλάμας,
ἔστεργες οἰδαίνουσαν ὁρμὴν ἀγρίαν
καὶ θηρὸς ὠμότητα παρεκαρτέρεις,
κἂν εἶχες αὐτὸς ἐκκρεμὲς καὶ τὸ ξίφος
κἂν καὶ περικάρδιον ἀνδρίας ζέσιν.
εἰρηνικοῦ γὰρ ἧς μαθητὴς κυρίου,
δι' ὃν τὸν ἐχθρὸν καὶ σθένων ἀνταμύνειν

---

[1]) Diese Verse — es ist vom deutschen König die Rede — schliessen an πεπραχόσιν bei Miller p. 228 f. und sind aus dem nämlichen Gedicht wie die zuvor S. 58 f. mitgetheilten Verse θρόνῳ δὲ ταὐτόγλωσσον u. s. w., deren Fortsetzung Miller p. 220 ff. giebt. Wegen der mangelnden Verszählung s. S. 59 Anm. 1.

[2]) In demselben Gedicht (Miller p. 220 v. 219 f.) heisst es:
σὺ δ' ἧς Μανουὴλ χριστομίμητος φύσις,
χριστωνυμοῦσα παρὰ συλλαβὴν μίαν.
Ebenso bei Coraïs B 373 ff. Manuel als
χριστομιμητής ... θεὸς ἐπίγειός τε
Ἐμμανουὴλ παμβασιλεῦ παρὰ σαραντα πέντε,
d. h. Emmanuel (Christus) unterscheidet sich vom Kaiser nur durch die Silbe ἐμ = μι' d. i. 45. Die Anmerkung von Coraïs p. 284 f.

τῷ μακροθύμῳ δυςφορῶν ἐκαρτέρεις.
ἐπεὶ δ' ὁ πρὶν ὕπουλος ὁ κρυπτὸς λύκος
οὐκ εἶχε κρύπτειν τὴν φυσικὴν μανίαν,
ἀλλ᾽ ἀναφανδὸν κατὰ τῆς μάνδρας ἔθει
θύσας τε τὰ πρόβατα καὶ τοὺς ποιμένας
καὶ πᾶν σπαράξας τοῖς ὀδοῦσιν ἀρνίον
ὡς εἶχεν ἐσπούδαζεν ἐντεταμένως,
νεύσας ὁ κρατῶν τοὺς φύλακας τοὺς κύνας
κινεῖς κατ᾽ αὐτοῦ καὶ τροποῦσι τὸν λύκον,
καὶ ῥήσσεται ῥὴξ καὶ χαλᾷ τὰς ὀφρύας
δέρκει τε τὰ πτώματα κατὰ τὴν δέρκου [1])
καὶ φυγὰς ἐκ Βύζαντος οὐκ ἐπιστρέφων
περᾷ κατὰ Δάμαλιν ὁ πρὶν ἀδάμας,
ὅλος δαμασθεὶς ἐν σκύλαξιν ὡς λύκος
τοῖς ἐντυχοῦσι σκυθικοῖς [2]) κυναρίοις.
τοιαῦτα τὰ τροπαῖα τῆς βασιλίδος
καὶ τὰ στρατηγήματα τοῦ βασιλέως.

Die voranstehenden Verse bezeichnen die allgemeinen Züge der Situation deutlich genug. Sie rühmen die weise und christliche Langmuth des Kaisers, der die blutigen Ausschreitungen der Deutschen nicht mit Blut habe rächen wollen, ihre Prahlereien aber mit Nachsicht und Wohlthaten erwidert habe. Da sie schliesslich doch Angreifer wurden wie ein Wolf, der in den Schafstall bricht, seien sie blutig zurückgewiesen und zur Flucht über den Bosporus genöthigt worden. Die Hauptstadt dankt, unter dem Bilde einer gealterten Schönen, dem Kaiser, er habe sie verjüngt, ihre Runzeln geglättet und ihr Antlitz gefärbt mit der Schminke vom Blut der Deutschen. — Der Bericht des Cinnamus von einem Kampf bei Constantinopel erhält somit, wie gross oder klein man sich immer die Ausdehnung dieses Kampfes [3]) denken mag, eine zweifellose Be-

---

[1]) Ist Δέρκου ein Ortsname?
[2]) Vgl. Cinnamus 80, 12: Κορράδος τὸν Δαμάλεως πορθμὸν διέβη καὶ ἐπὶ τῆς περαίας θᾶττον ἐγένετο. 77, 19: τελευταῖον δὲ καὶ μετὰ μέτωπον Σκύθας ἅμα Πέρσαις καὶ τὸ Ῥωμαίων τοξικόν.
[3]) Das Wort μάχη wendet Cinnamus 111, 4 auf einen Kampf zwischen 10 Personen an. An der gegenwärtigen Stelle 77, 22 sagt er, es entstand μάχη καρτερὰ καὶ φόνος Ἀλαμανῶν πολύς.

Befestigung der Dardanellen.

stätigung. Eine Thatsache, die doch auch zu erneuerter Beachtung des übrigen nöthigt, das Cinnamus in diesem Zusammenhang mittheilt. Man wird es hinfort nicht leugnen können, dass die officiellen freundschaftlichen Beziehungen, wie sie vor und nach dem Aufenthalt bei der Hauptstadt zwischen dem deutschen König und der griechischen Regierung bestanden haben, hier doch für einen Moment eine Rückwirkung von Seiten des popularen Gegensatzes erfuhren. Indess der freiwillige Uebergang nach Pera (Picridium) noch ein vollständiges Einvernehmen voraussetzt, scheint der Uebergang nach Asien von den Griechen erzwungen worden zu sein. Die Gründe begreiflich zu machen, warum die Griechen Anlass nahmen, ihrer Forderung mit dem Schwert Nachdruck zu geben, würde hier zu weit führen.

Obwohl es nicht in diesen Zusammenhang gehört, mögen doch im Anschluss an die Neubefestigung der Hauptstadt einige Verse hier eine Stelle finden, die von Befestigungen Nachricht geben, welche Manuel in der Dardanellenstrasse zum Schutz Constantinopels gegen Angriffe von der Seeseite anlegen liess.

fol. 22ᵛ τοῦ αὐτοῖ εἰς τὸν αὐτὸν αὐτοκράτορα ἐπὶ τῇ δωρεᾷ
τοῦ ἐν τοῖς Μαγγάνοις ἀδελφάτου¹).

. . . .

115 τὴν γὰρ ὑγρὰν ἐχέρσωσας οὐχ οὕτως ὡς ὁ Ξέρξης,
οὐ ζεύξας λέμβοις λῃστρικὰς (sic) οὐδὲ συνδήσας πλοῖα
οὐδ' ἐπὶ τούτοις συρφετὸν καὶ χοῦν ἐπιφορήσας,
ἀλλὰ πυργώματι στερρῷ καὶ σιδηρᾷ γεφύρᾳ,
ἐς ὅσον ἦν σοι χρήσιμον, τὸν ῥοῦν ὑπανακόψας
120 καὶ διελὼν εἰς κλίματα τῆς ἁλμυρᾶς τὸ ῥεῦμα,
ὡς ποταμοὺς ἀμοιβαδὸν ἐκ τῶν στοῶν συρρέειν.
βαβαὶ τῆς ἐνθυμήσεως, βαβαί σοι τῆς σοφίας·
σὺ διιστᾷς τὴν θάλασσαν εἰς μερισμοὺς κλιμάτων,
πρᾶγμα μὴ πιστευόμενόν ποτε πρὸ τοῦ γενέσθαι.

. . . .

140 καὶ νῦν ἡ νέα Ῥώμη σου, τοῦ κράτους σου τὸ λάχος,
τὸ μέγα περιτείχισμα τῆς σῆς κληρονομίας,

---
¹) Theilweise bei Miller 754 ff.

ὁρῶσα τὸ προτείχισμα τὸ κεκαινουργημένον,
ἔνθα πορθμὸς Ἀβυδηνὸς ὡς τράχηλος στενοῦται,
ὥσπερ ὑποσφιγγόμενος δυσὶν ἀκρωτηρίοις,
145 ᾄδει καὶ μέλπει καὶ σκιρτᾷ καὶ κεφαλήν σοι κλίνει,
καὶ ῥύστην ἐπιγράφεται καὶ λιτρωτὴν καλεῖ σε.
οἱ δὲ χρηστοὶ Βυζάντιοι, τὸ πλῆθος τὸ χυδαῖον,
ὁ σύρφαξ ὄχλος καὶ μιγὰς καὶ πᾶς ἀγορανόμος,
τὸ ζῆθι πάντες λέγουσι, μονάρχα καινοτόμε,
150 ὅτι τὸ ῥέγχειν δέδωκας ἡμῖν ἀπερικόπως.
ἀλλὰ γὰρ πρόσχες, δυςωπῶ, μὴ δὲ συννείσῃς ἔνδον
μηδὲ σκοπήσῃς τό γε νῦν βαθύ τι καὶ λανθάνον.

Es schliesst sich hieran die Erzählung der grossen Bestürzung, die ein Seeangriff auf die Hauptstadt in Abwesenheit des Kaisers hervorrief, „ehe sein strahlendes Licht die Stadt beschien". Dieser Angriff war nichts anderes als die kecke Abenteurerfahrt der Normannen im Jahre 1149[1]), und man begreift die Befriedigung der Bürger von Constantinopel, als Manuel den Hellespont befestigen liess, um die Wiederholung solcher Ueberraschungen unmöglich zu machen.

III.

Als König Konrad im Winter 1147/48 zur Erholung von einer Krankheit, die ihm die Strapazen des Zuges durch Kleinasien zugezogen hatten, sich in Constantinopel befand, kam es zu einer Vereinbarung mit der griechischen Regierung, die später im Vertrag von Thessalonich ihren Ausdruck fand und die letzten Jahre der Regierung dieses Königs beherrschte. Es ist nicht richtig, was in unseren modernen Darstellungen hier und da behauptet wird, es habe sich dabei blos um die Erneuerung früherer Verträge gehandelt. Denn wäre der Vertrag, den man dabei meint, nämlich das Schutz- und Trutzbündniss, von dem ein Schreiben König Konrads 1145 spricht, damals, 1145, wirklich abgeschlossen worden, so müsste das

---

[1]) Cinnamus 101, Nicetas 130 f. Die Verse bei Miller p. 755 v. 153—195. Auf die nämliche Befestigung beziehen sich auch die Verse im Annuaire de l'assoc. etc. 1883 p. 57.

Verhalten der griechischen Regierung im Jahre 1147 als unbegreiflich gelten. Denn mit dem Einfall der Normannen in griechisches Gebiet wäre ja der Bündnissfall eingetreten, worauf sich doch die Griechen nirgends berufen, vielmehr dem deutschen König erst jetzt ein Bündniss[1]) antragen. Somit muss man schliessen, dass im Jahre 1145 der von Deutschland genehmigte Vertrag von Kaiser Manuel nicht ratificirt worden ist[2]), und dass das hergestellte Einvernehmen sich damals nur auf die Heirath des Kaisers, von der wir zuvor gesprochen haben, beschränkte. Jetzt aber, während des Kreuzzuges, wurde eine weitgehende Gemeinschaft der äusseren Politik festgestellt, und zum sichtbaren Zeichen eine Verlobung geschlossen zwischen dem Halbbruder König Konrads und einer Nichte Kaiser Manuels.

Ein Gedicht des Prodromus, das zur Hochzeitsfeier verfasst wurde, wird hier zum erstenmal mitgetheilt, mehr um des politisch bedeutenden Anlasses willen, dem es seine Entstehung verdankt, als eigener Verdienste wegen.

fol. 34r

εἰς τὴν κυρὰν Θεοδώραν τὴν τοῦ σεβαστοκράτορος καὶ τὸν
σύζυγον αὐτῆς, τὸν ἀδελφὸν τοῦ ῥηγὸς Ἀλαμανίας.

Ἀλαμανία χόρευε καὶ σκίρτα καὶ λαμπρύνου·
τοῦ γὰρ σεβαστοκράτορος τῇ παγκαλλίστῃ κόρῃ
ὁ δοὶξ ὁ μεγαλόδοξος πανευτυχῶς ἑνοῦται
καὶ γίνεται λαμπρότερος ἀπὸ τῆς λαμπροτέρας
5 καὶ μεγαλοδοξότερος ἐκ τῆς ἐνδοξοτέρας.
Δαδούχει πόλιν, ἥλιε, σκηπτουχετῶν Ῥωμαίων,
κατάλαμπε, κατάστραπτε καὶ τὴν παστάδα ταύτην
καὶ ταῖς λαμπραῖς ἀκτῖσί σου καὶ ταῖς ἀνατολαῖς σου
καταύγαζε τὸ πρόςωπον τοῦ νεονύμφου ζεύγους

---

[1]) Cinnamus 80/81 συμμαχία.
[2]) Die Ratification stand noch aus. „Iustum arbitramur, ut eandem amicitiam nobis et imperio nostro firmari facias", schreibt der König, Otto Fris. I 24. Demnach ist auch Otto Fris. chron. VII 28 „Manuel ... foedus renovavit" nur auf die Wiederherstellung des früheren guten Einvernehmens zu beziehen, welches eine Zeit lang gestört war.

10 καὶ τοῦ σεβαστοκράτορος τὸ ῥόδον νυμφαγώγει.
Βασιλικὲ φωςφόρε μου, πορφυροβλάστητέ μου,
ἡ πόλις σου πρεσβεύω σοι καὶ δυςωπῶ καὶ δῆμος·
ἀνάτειλον, ὁ χρυσαυγής, ἀπὸ τοῦ σοῦ κοιτῶνος
καὶ πέμψον τὰς ἀκτίνας (sic) σου καὶ τὰς μαρμαρυγάς σου
15 καὶ τῷ φωτί σου λάμπρυνον καὶ τοῦτον τὸν ἀστέρα
τὸν ἐξ ἑσπέρας εἰς αὐγὴν ἡμερινὴν ἐλθόντα.

fol. 84ᵛ Μὴ πάσας τὰς ἀκτίνας (sic) σου, μὴ πᾶσάν σου τὴν αἴγλην
μηδὲ τὸ φῶς τοῦ δίσκου σου μηδὲ τὸ πᾶν σου σέλας
εἰς τὸν ἀστέρα σήμερον ἐκπέμψῃς τῆς ἑσπέρας,
20 ἵνα μὴ κρύψῃς τῷ πολλῷ φωτί σου τὸν ἀστέρα.
ἀλλὰ μικράν τινα τῶν σῶν ἀπόμοιραν ἀκτίνων
ἀπόπεμπε καὶ φώτιζε καὶ φαῖνε τὸν ἀστέρα,
Ῥώμης φωστὴρ πολύφωτε, κρατούσης βασιλίδος·
ἂν γὰρ τὴν πᾶσαν αἴγλην σου πρὸς τοῦτον ἀποπέμψῃς,
25 ἐν τῷ φωτί σου τῷ πολλῷ κρυβήσεται τελείως·
ἡλίου γὰρ ἐκλάμποντος ἀστὴρ οὐ συνεκλάμπει.
Ἀλαλαγμὸν, Ἀλαμανοὶ, καὶ κρότον ἐκτελεῖτε,
στήσατε σήμερον χορὸν χαρᾶς ἀνεκλαλήτου·
ὁ τοῦ ῥηγὸς γὰρ ἀδελφὸς ὁ δοὺξ ἐπιγαμβρεύει
30 τῷ βασιλεῖ τῷ κραταιῷ, τῷ κλαδὶ τῆς πορφύρας,
καὶ προςλαμβάνει δύναμιν καὶ δόξαν ἐπικτᾶται
ἐκλαμπροτέραν μάλιστα καὶ περιφανεστέραν.
Χαῖρε, πανευτυχέστατε, χαῖρε, καὶ δοὺξ νυμφίε,
χαῖρε ῥηγὸς αὐτάδελφε μεγαλοδοξοτάτου·
35 ἀπὸ γὰρ δόξης σήμερον πρὸς μείζω βαίνεις δόξαν,
ἀπὸ τιμῆς εἰς κρείττονα τιμὴν ἀναβιβάζῃ·
τὸ ῥόδον γὰρ τὸ παμπρεπὲς τοῦ πορφυροβλαστήτου
ἑνοῦται καὶ συμπλέκεται καὶ συναρμόζεταί σοι.
Ὁ τοῦ ῥηγὸς αὐτάδελφος, ὁ δοὺξ ἀστὴρ ἐγένου
40 καὶ τῷ φωτὶ τοῦ γίγαντος μεγάλως ἐλαμπρύνθης
καὶ νῦν Ὠρίων γέγονας μεγάλου βασιλέως
καὶ λάμπεις καθαρώτερον· ἡλίῳ γὰρ ἐγγίζεις
ἐκ τῆς κλεινῆς συζύγου σου καὶ τῆς ἐπιγαμβρείας.
Ἔχεις ῥηγὸς αὐτάδελφε, πανευτυχῆ (sic) νυμφίε,
45 ῥόδον ποικίλον (sic) καὶ μικτὸν ἀπὸ χρωμάτων δύο·
ἐξ ὑακίνθου πατρικοῦ, πορφύρας πατραδέλφου.

χαῖρε λοιπὸν πανέντιμε μετὰ τῆς πανενδόξου·
τοῦ γὰρ σεβαστοκράτορος ἡ παγκαλλὴς θυγάτηρ
ὡς ῥόδον εὐγενέστατον τὸ γένος λαμπρυνεῖ σου
50 καὶ μῦρον (sic) χρηματίσει σοι πολίτιμον εὐῶδες.
Τῆς Ῥώμης ἐγκαλλώπισμα, φρουρὲ τῆς βασιλίδος,
ὑπέρμαχε καὶ πρόμαχε καὶ πρόβολε καὶ πύργε,
ὁ καὶ τοὺς Πέρσας καθελὼν καὶ τὸν αὐτῶν σατράπην
καὶ σκελετοὺς καὶ τοὺς Κελτοὺς τοὺς ἀλαζόνας δείξας
55 καὶ τῶν ῥηγῶν καταβαλὼν τὰς ὑψηλὰς ἐπάρσεις
καὶ θεὶς ὑπὸ τοὺς πόδας σου καὶ τοὺς αὐτῶν τραχήλους,
λάμψον χρυσέ μου νικητὰ, λάμψον χριστὲ κυρίου,
λάμψον στερρέ μου στηρικτὰ, λάμψον βραχίον (sic) Ῥώμης,
καὶ δὸς ἐκ τῶν ἀκτίνων σου καὶ τῶν μαρμαρυγῶν σου
60 φωτὸς βολίδα μερικὴν καὶ τούτῳ τῷ νυμφίῳ,
ὡς ἂν καὶ Ῥώμη διτική δειχθῇ φωτεινοτέρα.
Μὴ καταστράψῃς, ἥλιε, τὸν ἀπὸ τῆς ἑσπέρας,
μή πως ἀστὴρ ἑσπερινὸς γενήσεται κυρίως,
οὐκ ἐν ἡμέρᾳ φρυκτωρῶν, ἀλλ' ἐν ἑσπέρᾳ μόνῃ,
65 ἀλλ' ἐν παρόδῳ φώτιζε τὸν δυτικὸν ἀστέρα.
Ὁ λύχνος γὰρ οὐ φαίνεται καμίνῳ προσεγγίσας
καὶ τοῦ φωστῆρος λάμποντος οὐ φαίνουσιν ἀστέρες,
καὶ φρυκτωροῦντος ἄνακτος οὐ λάμπουσι νυμφίοι.
Ἱππότα, χαῖρε, πτερωτὲ, χαῖρε Λοκρὲ τοξότα·
70 οὐ γὰρ τολμῶ σε, τὸν Χριστὸν, καὶ Φοῖβον ὀνομάσαι·
σὺ γὰρ ὡς χριστομίμητος χριστώνυμος ὑπάρχεις.
Ὦ τῶν Κελτῶν ὀλοθρευτὰ καὶ τῶν Αὐσόνων ῥύστα
καὶ τῶν Περσῶν ἐκπορθητὰ καὶ καύχημα Ῥωμαίων
καὶ τοῦ στρατοῦ χαράκωμα καὶ τῶν ταγμάτων τεῖχος,
75 ἐπίβαινε τῶν ἵππων σου καὶ θραῦε τοὺς ἐχθρούς σου
καὶ τεῖνε τόξον ἰσχυρὸν καὶ πάλλε σου τὸ δόρυ
καὶ βάλλε τὰ κατάρατα τῶν ἀλλοφύλων γένη.
Ναὶ, βασιλεῦ, ὀλόθρευε τοὺς ἀντιπίπτοντάς σοι,
τέλει τὴν ἱππασίαν σου, Ῥωμαίων σωτηρίαν,
80 καὶ ταῖς χρυσαῖς σου πτέρυξι περίθαλπε καὶ σκέπε
καὶ τοῦτο τὸ πανευγενὲς τῶν νεονύμφων ζεῦγος,
ὅπερ αὐτὸς ἐθέλησας ἑνῶσαι καὶ συνάψαι.

Ἐκ τῶν ὀνύχων ἔγνω σε τὸ πρῶτον ὁ σουλτάνος·
ἐκ τῶν ἁλμάτων ἔμαθον τὸ δεύτερον οἱ ῥῆγες,
85 ὅτι καὶ σκύμνος λέοντος καὶ φοβερὸς ὑπάρχεις,
οἱ μὲν ἐκ μόνης ἀπειλῆς, ἐκ συμπλοκῆς οἱ Πέρσαι,
καὶ κράτος ἔχεις, βασιλεῦ, ἐκ τούτων κατὰ πάντων.
Ἐν Ἰκονίῳ γέγονας, τοὺς Πέρσας ἐτροπώσω
καὶ τὰς ἐφόδους τῶν Κελτῶν ἐνταῦθα κατεστρέψω.
90 λοιπόν σε μεγαλύνομεν, ὑμνοῦμεν, εὐφημοῦμεν,
ὡς νικητὴν δοξάζομεν καὶ κοσμικὸν σωτῆρα.
ἰδοὺ γὰρ ἐπεγάμβρευσας καὶ τοῦτον τὸν νυμφίον,
τὸν τοῦ ῥηγὸς αὐτάδελφον, τὸν εὐγενῆ, τὸν δοῦκα
τῇ τοῦ σεβαστοκράτορος εὐγενεστάτῃ κόρῃ.
95 καὶ πάντες ἐκπληττόμεθα τὸ μεγαλόψυχόν σου,
ὅτι ἐκ τοῦ λυπήσαντος ἐφάνης εὐεργέτης.

Es hat etwas ermüdend eintöniges und zugleich lärmendes wie orientalische Weisen, diese unaufhörlichen Gleichnisse von der überstrahlenden Sonne der kaiserlichen Majestät, dem matten Sternenschein des Bräutigams u. s. f. Auch würde sich der Bruder des deutschen Königs wenig an dem Lob Manuels, des löwenstarken, des Türkensiegers, der sogar den stolzen Kelten, d. i. den Deutschen und Franzosen, den Fuss auf den Nacken gesetzt, erfreut haben. In aller Ueberhebung und Uebertreibung dieser Verse kommt doch der tiefe und fruchtbare Gegensatz zweier Culturen als ein wahres und historisch gewaltiges zum Ausdruck.

Es erübrigt noch, eine bestehende Unklarheit zu beseitigen über die Person der Braut, die in der Ueberschrift Theodora, Tochter des Sebastocrator, v. 46 Nichte des Kaisers[1]) genannt wird. Es sind drei Nichten Manuels bekannt, die Theodora heissen, und ebenso die Tochter einer Nichte: gerade diese letztere ist in dem grundlegenden Werke für byzantinische Genealogie, in Du Canges Familiae Byzantinae, als die spätere

---

[1]) Nichte nennt sie auch Cinnamus 236 und 261. Doch ist die Hauptstelle, wo man näheren Aufschluss finden könnte, ausgefallen. Vgl. unten S. 80.

Herzogin von Oesterreich bezeichnet[1]). Dies ist aber ein völliger Irrthum. In einem Gedicht des Prodromus klagt die „Sebastocratorissa", da der Kaiser ihr den jüngsten Sohn nimmt und in den Heeresdienst zieht, sie sei wie eine andere Hecuba. Denn schon habe man ihr eine Tochter geraubt und dem Charon vermählt, einem wilden Thier sei die Jungfrau übergeben worden, einem Drachen:

καὶ τὸ τερπνὸν θυγάτριον λελυμασμένον εἶδον,
ὁπόταν θὴρ ἑσπέριος ἐκείνῃ συνηνώθη,
καὶ ζῶσαν ἀπεθρήνησα κατὰ νεκρὰν τὴν παῖδα[2]).

In dem wilden Thier aus Westen erkennen wir den Bruder des Königs Konrad wieder, und die klagende Hecuba, deren jüngster Sohn Alexius heisst[3]), ist die Wittwe des Andronicus, Manuels nächstältesten Bruders. Es kann demnach über die Bestimmung der Theodora kein Zweifel mehr obwalten[4]).

---

[1]) Familiae Byzantinae, Paris 1680, p. 184.
[2]) Bei Miller p. 768, v. 121 ff.
[3]) τὸ λοῖσθον ὠδίνημα τῆς γειναμένης in dem Gedicht bei Boissonade, Anecd. nova, woselbst von den Töchtern nur die älteste, Maria, genannt wird.
[4]) Vgl. auch die Ueberschrift des Gedichtes bei Miller 772 προςφωνηματικὸς εἰς τὴν σεβαστοκρατόρισσαν, ὅτε ἡ θυγάτηρ αὐτῆς ἡ συζευχθεῖσα τῷ ἀδελφῷ τοῦ ῥηγὸς Ἀλαμανίας κτλ. Die Stelle bei Nicetas 266 ist natürlich nicht auf diese Theodora zu beziehen. Bei Du Cange ist in diesem Fall nicht nur Verwechslung, sondern auch Widerspruch. Auf p. 187 sagt er, Theodora, die Manuel einen Sohn Alexius geboren habe, sei eine Tochter Isaacs gewesen, p. 182 eine Tochter des Andronicus. Bei einem für die byzantinische Geschichte heute noch so unentbehrlichen Buche wie die Familiae Byzantinae muss man sich doch in jedem Fall die Mühe nehmen, die Citate nachzuschlagen und zu prüfen.

2. Christlich-heidnische Berührungen. Ein Brief des Theodorus Prodromus. Der Rhetor Nicephorus Basilaces.

τοῦ φιλοσόφου κυροῦ Θεοδώρου τοῦ Προδρόμου ἐπιστολὴ πρὸς τὸν αὐτὸν κυρὸν Γρηγόριον, ὅτε ἦλθε πρὸς τὸ νησίον ὁ ἁγιώτατος ἡμῶν δεσπότης, ἀπὸ τοῦ πατριαρχίου ἀρρωστήσας καὶ παραιτησάμενος[1]).

οἴμοι, θεσπέσιε καὶ σοφέ μου πάτερ καὶ σῶτερ, μέγα Γρηγόριε, ὅτι ἐκλέλοιπεν ὅσιος ἀφ' ἡμῶν· μᾶλλον δὲ οὐχ εἷς, ἀλλὰ δύο κατὰ ταὐτὸν ἐκλελοίπατε· οἴμοι, ὅτι μακρὰν ἀπὸ ἁμαρτωλῶν σωτηρία· οἴμοι, ὅτι ἐγενήθημεν ὡς τὸ ἀπ' ἀρχῆς. ποῦ ποτε φυγαδεύων μακρύνεις καὶ πρὸς ποίαν αὐλίζει τὴν ἔρημον, ἔρημον βοηθείας τὸν Πρόδρομον προλιπών; ἄμπελον ἐξ Αἰγύπτου μετῆρας τὴν ἐμὴν ψυχὴν ἐκ τῆς ἁμαρτίας καὶ τῇ γῇ τῆς ἐπαγγελίας αὐτὴν ἐνερρίζωσας καὶ τῷ θριγγῷ σου τῶν διδαγμάτων, τῶν ἡλίκων ἥλιε, κυκλόθεν περιεφράγμωσας. ἵνα τί σοι αὕτη καταλέλειπται νῦν καὶ λυμαίνεται αὐτὴν ὗς ἐκ δρυμοῦ, ὁ ἀντίπαλος; τί δὲ οὐκ ἐπιβλέπεις ἐξ οὐρανοῦ τῆς νήσου τῆς κατὰ σὲ καὶ καταρτίζεις τὴν ἄμπελον ταύτην, ἣν ἡ δεξιά σου ἐφύτευσε; Φιλιππήσιός εἰμι· Κορίνθιός εἰμι· Γαλάτης· Ἐφέσιος· διὰ Παύλου προσῆλθον· διὰ Παύλου πεπίστευκα· Παύλου τῆς θέας ἀπολαύειν οὐκ ἔχω· τί μὴ κἂν τῶν Παύλου ἀπολαύω ἐπιστολῶν; ἀλλ' ὑμεῖς μὲν τὸν ὑμέτερον θεὸν καὶ βασιλέα Ἰησοῦν μιμησάμενοι, τὸν ἐξ ἀϊδίου μὲν τοῖς πατρικοῖς ἐπαναπαυόμενον κόλποις ἐν οὐρανοῖς, κατελθόντα δ' ὕστερον καὶ περὶ τὴν γῆν καὶ μεθ' ἡμερῶν ὀλίγων διατριβὰς ἀπὸ τῆς γῆς ἐπανελθόντα πάλιν εἰς τὰ οὐράνια, καταβάντες ὡς ἀπ' οὐρανοῦ τῆς νήσου τῆς περὶ ἡμᾶς καὶ αὐτοὶ καὶ ὀλίγα τοῖς περὶ ἡμᾶς ἐνδιατετριφότες πράγμασι[2]) περὶ τὸν ὑμέτερον καὶ πάλιν οὐρανὸν ἐπετάσθητε. τὸ δὲ ἑξῆς οὐκέτι συνάγειν ἔχω οὐδὲ τοῖς τοῦ Χριστοῦ συνεξ-

---

[1]) Cod. Vat. Gr. 573 fol. 43r. Lazzeri hat den Brief gedruckt, miscellaneorum ex mss. libris bibl. collegii Romani soc. Jesu, Romae 1754, I 76; Allatius (bei Mai, Nova p. bibl. VI 2, 177) giebt die Ueberschrift in etwas abweichender Fassung.

[2]) Handschr. πράγματα.

ὁμοιοῦν· τεσσαράκοντα γὰρ ἡμέραι καὶ ὑπὲρ ταύτας μικρὸν μετὰ τὴν τοῦ πρώτου παρακλήτου ἀνάληψιν καὶ οὐδαμοῦ ἡμῖν ὁ ἄλλος παράκλητος. ὡς εἴθε μοι ἐκ τοῦ αὐτοῦ οὐρανοῦ καὶ ὁ δεύτερος μετὰ τὸν πρῶτον καταπταίη παράκλητος καὶ λαβὼν ἐκεῖθεν ἀναγγελεῖ (sic) κἀμοὶ τὰ σωτήρια καὶ γλώσσῃ πυρίνῃ λαλεῖν με παρασκευάσειεν. ἀλλὰ ταῦτα μὲν ὅποι τῷ θεῷ φίλον ἄγοιτο· τὸ δὲ νῦν ἔχον λειποψυχοῦμεν, μᾶλλον δὲ ἀψυχοῦμεν, σοφωτάτη ψυχὶ, ὦ σῶτερ, τῶν σῶν¹) μεμνημένοι προρρήσεών τε καὶ ἀγαπήσεων. ἐπὶ θεοῦ καὶ ἀγγέλων τὴν ζημίαν τὴν κοσμικὴν διαμαρτυρόμεθα· μαχόμεθα ταῖς ἀχαρίστοις γλώσσαις, πρᾶγμα μηδὲ εἰς ἐλπίδας ὅλως πεσὸν ἀνθρώπῳ νοῦν ἔχοντι· τὸ πρῶτον τούτων καὶ τελευταῖον τῆς μεγάλης ἐκκλησίας ἀποστερούμεθα φειδοῖ τῆς ἑαυτῶν ζωῆς καὶ σωτηρίας, ἵνα μὴ, τοὺς τόπους²) ἐκείνοις τοὺς τοῖς ἁγίοις ποσὶν ὑμῶν περιπατηθέντας καταθεώμενοι, αὐτοῦ που τὴν ψυχὴν ἅμα ταῖς μνήμαις ἀπερευγοίμεθα. προςκυνῶ τὰ ἴχνη τῶν ἱερῶν ποδῶν τοῦ ἁγιωτάτου μου δεσπότου καὶ εὐεργέτου· ἀσπάζομαι καὶ σοῦ τὸ ἅγιον τρύχινον καὶ τοῦ μανδύου τὸ ἄκρον εἰς ἁγιασμὸν τοῖς ὀφθαλμοῖς περιτίθημι καὶ τοῦτο εὔχομαι πρὸ τῶν ἄλλων τῇ σῇ μετὰ θεὸν δεξιᾷ τὴν τελευταίαν παραθεῖναι πνοήν. ὁ τῶν ἁγίων εὐχῶν σοι δοῦλος καὶ παῖς σου Θεόδωρος.

Der Brief ist aus dem Jahre 1146 und bezieht sich auf die freiwillige Abdankung des Patriarchen Michael von Constantinopel, der davon, dass er zuvor Abt des Klosters der Insel Oxeia gewesen, den Beinamen Oxites führte und kaum drei Jahre auf dem Patriarchenstuhle gesessen hatte. Da er sich nun in sein altes Kloster zurückzog, warf er sich vor der Schwelle der Kirche nieder und hiess die Mönche über sich hinwegschreiten zur Busse, dass er ohne Nutzen und Heil die Abgeschiedenheit des Klosters mit dem glänzenden Schein der Patriarchenwürde vertauscht hatte[3]). Recht ein Gegensatz zu dieser demüthigen Selbstanklage ist der Brief des Prodromus.

---

¹) Handschr. ψυχή· ὁ σῶραιτῶν σῶν ...
²) Handschr. τρόπους.
³) Nicetas 105. Cinnamus 64 scheint zu glauben, Michael sei als Patriarch gestorben.

Voll Sehnsucht nach dem Hirten, der die hauptstädtische Heerde verlassen hat, voll Trauer, dass Heil und Trost entwichen sei, greift er zu einem Ausdruck unchristlicher Schmeichelei. Die Insel vergleicht er dem Himmel, den Patriarchen aber Christus selbst. Denn wie Jesus, der Gott und König, seit Ewigkeit am Busen des Vaters ruhend, danach herabgestiegen sei, um ein weniges auf der Erde zu weilen, bald aber wieder zurückgekehrt sei zum Himmel, so sei auch nach kurzer Frist der Patriarch wieder zum Himmel seiner Insel emporgeflogen. „Von hier an aber stimmt der Vergleich mit Christus nicht mehr. Denn vierzig Tage und mehr sind vergangen, und der Tröster ist nicht wieder erschienen. O, dass er aus dem nämlichen Himmel wiederkehrte und mir das Heil von dort mitbrächte und verkündete, und mich begnadete, mit einer Zunge von Feuer (er denkt an das Pfingstfest und die Ausgiessung des heiligen Geistes) zu reden."

Eine Art des Vergleichens, die, dem abendländischen Gefühl anstössig, ja blasphemisch, hier in der völligen Unbefangenheit einer heidnischen Rhetorik vorgetragen wird. So nimmt selbst ein Erzbischof kein Bedenken, Heracles, Perseus und Christus in einem Athem zu nennen. Leo Allatius von seinem römisch-katholischen Standpunkt hat eine heftige Anmerkung dazu gemacht[1]). Nachdem die italienische Renaissance sich jener byzantinischen Freiheiten in weitgehendem Umfang bemächtigt hatte, ist man empfindlicher geworden gegen die Frucht sowohl wie gegen den Samen.

Wir nehmen von hier zu einer weiteren Betrachtung Anlass. In der Einleitung seines grossen Sammelwerkes rhetorischer Schriften der Griechen bemerkt W a l z, dass kaum eine andere Kunst sich so stetig bewahrt und aller griechischen Bildung zur Grundlage gedient habe wie die Rhetorik von den Tagen Gorgias' des Leontiners an bis auf die Eroberung von

---

[1]) Die Stelle ist in der Monodie des Michael Acominatus auf seinen Bruder Nicetas bei L a m b r o s, Michael Acom. I 345 ff. § 48, A l l a t i u s de Nicetis bei M a i, Nova p. bibl. VI 2, 30. Häufig werden die Kaiser mit Christus verglichen, z. B. das Gedicht des Prodromus bei M a i Nr. XVI.

Constantinopel herab[1]). — Die Schüler im 12. Jahrhundert lernen beispielsweise die verschiedenen Arten der Darstellung einüben auf Grund der Eintheilung, die ein Jahrtausend zuvor der Zeitgenosse des Marc Aurel, Hermogenes von Tarsus, festgestellt hat. Der Wandel der Zeiten verräth sich nur darin, wie die Beispielsammlung zu diesen Lehren durch christliche Themata nicht ersetzt, aber vervollständigt worden ist. Man findet in den προγυμνάσματα des Nicephorus Basilaces aus der Mitte des 12. Jahrhunderts das folgende merkwürdige Nebeneinander[2]). Unter den Erzählungen liest man Geschichten von Achill, Odysseus und Heracles, von Myrrha, Pasiphaë und Danaë. Die erste Chrie hat zum Thema: man soll Gott nachahmen im Wohlthun, und beginnt mit dem Lob des Vaters Gregorius und der himmlischen Weisheit. Die zweite Chrie behandelt einen Vers des Sophocleischen Aias. Die Ethopöien[3]) vollends sind ein Muster der Verträglichkeit heidnischer und christlicher Dinge. Die erste heisst: was wohl der Hades gesagt hat, als nach vier Tagen Lazarus von den Todten auferweckt wurde. Eine andere: was wohl Danaë gesagt hat, nachdem Zeus in Gestalt eines goldenen Regens ihr genaht war; was Zeus gesagt hat, als er Io in eine Kuh verwandelt erblickte; was Simson sagte, nachdem er geblendet war; was Zacharias sagte, als er nach der Geburt des Johannes die Sprache wieder erlangte; was Eros sagte, da er einen Holzhacker die Axt an die in einen Baum verwandelte Myrrha legen sah. Es folgen Themata aus der griechischen Geschichte und Sage, dann wieder plötzlich: was die Gottesmutter wohl gesagt hat, als Christus bei der Hochzeit von Cana Wasser in Wein verwandelte. Was der Knecht gesagt hat, dem Petrus ein Ohr abhieb und den Christus wieder heilte. Was Petrus sagte, als Simon Magus aus der Luft herabstürzte, und er danach auf Befehl des Nero zum Kreuzestod geführt wurde. Was Joseph sagte, als er auf

---

[1]) Man sehe übrigens Rohde, Der griech. Roman 296.
[2]) Im 1. Band der Rhethores Graeci p. 421 ff., unvollständig bei Leo Allatius, Excerpta varia p. 125 ff.
[3]) Die Definition der ἠθοποιΐα im 9. cap. der προγυμνάσματα des Hermogenes: ἠθοποιΐα ἐστὶ μίμησις ἤθους ὑποκειμένου προσώπου, οἷον τίνας ἂν εἴποι λόγους Ἀνδρομάχη ἐπὶ Ἕκτορι;

die Anklage des Weibes des Potiphar ins Gefängniss geworfen wurde, und so fort. Immer aufs neue bestätigt die Ausführung dieser Themata die Thatsache der völligen Unbefangenheit, mit der sich die Rhetorik dem Christenthum gegenüber bewegte. Indem aber nicht nur die staatlichen, sondern auch die meisten kirchlichen Würdenträger die Schule der rhetorischen Bildung durchzumachen pflegten, kann es nicht Wunder nehmen, dass die Kirche nun auch kein Bedenken trug, den Lehrern der Rhetorik die Bibelexegese anzuvertrauen. Sollte man aber nicht denken, dass in der heidnischen Vorbildung dieser Männer eine Gefahr lag, und dass der Disputirsucht und dem dogmatischen Streit Thür und Thor geöffnet wurde? Die Lebensgeschichte desselben Nicephorus Basilaces, mit dem wir uns soeben beschäftigt haben, ist dafür ein belehrendes Beispiel.

Im Bema, dem durch eine Schranke für die Geistlichkeit [1]) abgegrenzten hinteren Raum des Mittelschiffs, befanden sich zwei Kanzeln, Ambonen, an der Nord- und Südseite der Schranken, die eine für das Vorlesen und die Erklärung des Evangeliums, die andere für die Episteln [2]).

Um die Mitte des 12. Jahrhunderts wird nun als Professor der Evangelienexegese an der Sophienkirche der berühmte Rhetor Michael von Thessalonike genannt [3]), als sein College für die Briefe des Paulus unser Nicephorus Basilaces [4]). In

---

[1]) Daher wird in übertragener Bedeutung $\beta\tilde{\eta}\mu\alpha$ = ordo ecclesiasticus gebraucht und dem Senat ($\sigma\acute{u}\gamma\varkappa\lambda\eta\tau o\varsigma\ \beta ou\lambda\acute{\eta}$) gegenübergestellt.

[2]) Die Sophienkirche hatte nach der Beschreibung des Silentiariers nur einen Ambon. In diesem Falle pflegten zwei Lesepulte darauf angebracht zu sein, wie man es an dem Doppelambon in San Marco in Venedig links vor der Marmorschranke des Presbyteriums noch heute sehen kann.

[3]) Nicetas 275 f.: $\tau\grave{o}\nu\ \varepsilon\mathring{u}\alpha\gamma\gamma\varepsilon\lambda\iota\varkappa\grave{o}\nu\ \mathring{\alpha}\nu\alpha\beta\alpha\acute{\iota}\nu o\nu\ \mathring{o}\varkappa\varrho\acute{\iota}\beta\alpha\nu\tau\alpha$. Bei Miller, Catalogue des mss. grecs de la bibl. de l'Escurial 205 eine $\mathring{\varepsilon}\varkappa\varphi\varrho\alpha\sigma\iota\varsigma\ \lambda\varepsilon\chi\vartheta\varepsilon\tilde{\iota}\sigma\alpha\ \pi\alpha\varrho\grave{\alpha}\ \tau o\tilde{u}\ \sigma o\varphi\omega\tau\acute{\alpha}\tau ou\ \delta\iota\alpha\varkappa\acute{o}\nu ou\ \varkappa\alpha\grave{\iota}\ \delta\iota\delta\alpha\sigma\varkappa\acute{\alpha}\lambda ou\ \tau o\tilde{u}\ \varepsilon\mathring{u}\alpha\gamma\gamma\varepsilon\lambda\acute{\iota} ou\ \varkappa u\varrho.\ M\iota\chi\alpha\grave{\eta}\lambda\ \tau o\tilde{u}\ \Theta\varepsilon\sigma\sigma\alpha\lambda ov\acute{\iota}\varkappa\eta\varsigma\ \tau o\tilde{u}\ \varkappa\alpha\grave{\iota}\ \mu\alpha\tilde{\iota}\sigma\tau o\varrho o\varsigma\ \tau\tilde{\omega}\nu\ \mathring{\varrho}\eta\tau\acute{o}\varrho\omega\nu\ \gamma\varepsilon\gamma ov\acute{o}\tau o\varsigma$' p. 212 kommt er als $\pi\varrho\omega\tau\acute{\varepsilon}\varkappa\delta\iota\varkappa o\varsigma$ und $o\mathring{\iota}\varkappa ou\mu\varepsilon\nu\iota\varkappa\grave{o}\varsigma\ \delta\iota\delta\acute{\alpha}\sigma\varkappa\alpha\lambda o\varsigma$ vor.

[4]) Nicetas l. c. spendet ihm grosses Lob. Man sehe auch des Allatius Bemerkungen zu dieser Stelle in der Einleitung seiner Excerpta varia. — Bezeichnet als $\tau\tilde{\omega}\nu\ \mathring{\alpha}\pi o\sigma\tau\acute{o}\lambda\omega\nu\ \delta\iota\delta\acute{\alpha}\sigma\varkappa\alpha\lambda o\varsigma$ bei Mai, Spicilegium Rom. X 71.

dieser Stellung riefen die beiden Männer in Folge eines Zwistes, den sie mit einem Diaconen hatten, ein Aergerniss der gesammten Kirche hervor. Da sie nämlich diesem ihrem Nebenbuhler zu schaden und aus seinen Worten einen Strick zu drehen trachteten, warfen sie ihm vor, er habe in einer Predigt zwei Naturen in Christo bekannt und die verderbliche Ketzerei des Nestorius wieder heraufbeschworen [1]). Diese Nachrede aber war nicht sobald öffentlich geworden, als sich Parteigänger für und wider erhoben und die Aufmerksamkeit der oberen kirchlichen Behörden erregten. Stellen der Väter und anderer Autoritäten wurden gesammelt, um das angegriffene Dogma zu stützen; im Laufe der Berathungen und Verhandlungen ward Nicephorus Basilaces als der eigentliche Urheber der Angriffe erkannt [2]); man erhebt Klage über die krankhafte Streitsucht, die dialectischen Künste, den Disputir- und Zweiflergeist. — Wohl zu bemerken ist auch die Begründung, mit der auf einer Versammlung im Palast des Patriarchen der Erzbischof von Dyrrhachium — einer von denen, die nachher verdammt wurden — seine Zweifel über die Rechtmässigkeit des bestehenden Dogma äusserte. Er schäme sich seiner Unsicherheit nicht; denn habe nicht der grosse Gregor von Nazianz gesagt, durch sein ganzes Leben wolle er ein Schüler bleiben? so sage einer der heidnischen Weisen (τῶν ἔξω σοφῶν), auch um die Weisheit und Einsicht, die erst im Alter komme, sei es etwas gutes. „Denn die heiligen Väter gestatten uns, von den heidnischen Weisen Belehrung zu nehmen [3])."

Eben dies war es, was die abendländische Kirche abgelehnt und verworfen hatte.

Nicephorus Basilaces und seine Anhänger gingen ihrer Würden verlustig; damit aber das Andenken dieser frivolen

---

[1]) Cinnamus 176 f.
[2]) Die Acten aus dem 24. Buche des Thesaurus des Nicetas bei Mai, Spicil. Rom. X 1 ff. — p. 64, 71 f.
[3]) Bei Mai p. 23. Noch im 12. Jahrhundert fand es der Bischof Nicolaus von Methone wie einst Johann Philoponus im 6. Jahrhundert angezeigt, gegen den Neuplatoniker Proclus zu schreiben. Man sehe den mehrfach erwähnten Aufsatz von Ullmann.

Anfechtung des Dogma und der philologischen Ursprünge des Streits vor der Nachwelt gebrandmarkt werde, hat Nicetas in seinem grossen dogmatischen Werke unter den anderen Ketzereien auch die der Parermeneuten verzeichnet. Er versteht darunter Leute, die aus teuflischer Ehrbegier und Liebe zum Paradoxen eigene, unerhörte Auslegungen der Schrift vorbringen, „wie z. B. zur Zeit des Kaisers Manuel zwei (deren Namen hier nicht genannt werden sollen) darauf verfallen und ihrer Würden in Folge dessen entsetzt worden sind. Trotzdem sie aber ihre Abweichung vom rechten Glauben einsahen, wollten sie doch nicht widerrufen, da es ihnen eine Schmach und Schande dünkte, eine Behauptung gezwungen und zur Busse zurückzunehmen [1]."

Völlig in seiner wahren Gestalt soll uns zum Schluss dieser „Ketzer" erscheinen in einer seiner Schriften, die erst neuerdings an den Tag gekommen ist. Es ist eine Vorrede in Art einer Selbstanzeige, die Nicephorus schrieb, als er auf Veranlassung einiger Freunde seine Werke sammelte [2]. Wer dieses Stück nicht gelesen hat, kann sich doch schwer einen Begriff machen, was an Selbstberäucherung und Eigenlob geleistet werden kann. Wir sehen den Helden als Lehrer der Rethorik in Mode kommen; man läuft zu ihm; sein Stil erregt Aufsehen, dass sich um den „Basilacismus" eine starke Partei bildet, wie einst der Philippismus in Athen die Anhänger Philipps von Macedonien zusammenschloss. Von der Feinheit, Gewähltheit und Leichtigkeit seines Stils, von seiner Beherrschung der metrischen Formen weiss er nicht genug zu rühmen. „Wie ich aber zu der Wiese unserer göttlichen Weisheit gelangte, da wurde mir, wie wenn ich Lotos ässe, und ich kam in die Gewalt des Geistes und hörte den Spruch: Selig sind die Leid tragen, wehe aber denen, die lachen, — und

---

[1] l. IV cap. 43 im 25. Band der Max. bibl. vet. patrum Lugd.

[2] Aus einer Escurialhandschrift, die noch manches Interessante aus der zweiten Hälfte des 12. Jahrhunderts enthält, herausgegeben von Miller im Annuaire de l'association pour l'encouragement des études grecques en France 1873 p. 135 ff.

ich erwachte wie aus einem Rausch und warf meine Spielereien ins Feuer, auf dass ich selbst entgehe dem unverlöschlichen Feuer, das der Spötter wartet." Aber nicht alle billigten dieses sein hartes Urtheil über die Jugendwerke und meinten, an einen Achill, selbst wenn er in den Windeln liege, werde sich kein Thersites wagen! Und so sammelt er, was er noch finden kann, Verse, Briefe, panegyrische Reden, Gerichtsreden und macht auf alle besonderen Schönheiten eines jeden Stückes in wohlbewusster Weise aufmerksam. So viel Glanz aber muss natürlich den Neid wecken, und wie er auf der Kanzel im Bema der Kirche steht und die Menge sich um ihn drängt „wie die Mücken an die Milch" und er durch die Länge seiner Reden die Geistlichen ärgert, die sich zudem durch seine moralisirenden Betrachtungen getroffen fühlen — „denn das Lob des Paulus ward als eine höhnische Anklage verstanden" —, so begann man, ihn einzuschränken, indem man ihm befahl, über einen gewissen alten Epistelcommentar in der Exegese nicht hinauszugehen.

Da die schliessliche Katastrophe nicht erwähnt ist, so mag diese Schrift einer früheren Zeit des Nicephorus angehören. Die Einbildung des Verfassers und die Naivetät dieser Empfindung sind erstaunlich. Das Selbstporträt ist eine Carricatur geworden.

Indem man sich das Bild des Theodorus Prodromus vergegenwärtigt, kann man an gewissen gemeinsamen Grundzügen den Typus des griechischen Rhetors erkennen, wie ihn in seinen seltsamen Lebensbedingungen und psychologischen Eigenthümlichkeiten auch ein so spätes Jahrhundert zeitigen konnte.

Johannes Cinnamus.

In einer Trauerrede auf den Tod des Eustath ruft der Erzbischof von Athen Michael Acominatus Grammatik, Rhetorik und Philosophie als Klageweiber herbei; insbesondere die Rhetorik habe dem Verstorbenen hohen und neuen Glanz zu danken und die Erlösung aus der schlimmen Manier derer, die Poesie und Prosa vermischen und ganze Lastwagen poetischen Schmuckes auf die Prosarede häufen[1]). Der Bruder des Erzbischofs von Athen, der Geschichtschreiber Nicetas Acominatus verkündet im Eingang seines Geschichtswerkes ähnliche Absichten der Stilreform: er will der Vermischung der Stilgattungen wehren. Denn da die Geschichte nur die Wahrheit suche, nicht den Effect wie die Rhetorik, noch den Phantasiereiz der Poesie, so müsse sie auch deren Stileigenthümlichkeiten verschmähen und ankämpfen gegen die hergebrachte und beliebte Manier, in einer prunkvollen, dunkelen, vielverschlungenen und vieldurchbrochenen Redeweise zu sprechen. Der Geschichte stehe, nicht zuletzt auch deswegen, weil sie mit einem mannigfaltigen Publicum zu rechnen habe, worunter auch der Frauen gedacht wird, ein durchsichtiges und einfaches Gewand am besten[2]). — Wer auf Grund dieser so kundgegebenen Ansichten hoffen würde, ein leicht verständliches, flüssiges Griechisch zu lesen, ginge einer Enttäuschung entgegen. Schon die einleitenden Sätze stehen in ihrer mühsamen Fügung in merk-

---

[1]) Ellissen, Michael Acominatus p. 89. 104 und sonst.
[2]) Nicetas p. 5 f. Auch sehe man Niceph. Basilaces im Annuaire 1873 p. 149.

Stil des Cinnamus und seiner Zeitgenossen. 79

würdigem Widerspruch zu dem Programm, das sie enthalten. Eustath, dessen litterarischen Einfluss die beiden Brüder Michael und Nicetas Acominatus in ihren Schriftwerken bekunden[1]), hat nur dem Uebermass einen Damm setzen wollen; den poetischen Schmuck (τὸ τῆς λέξεως ἄνϑος) mochte man nicht ganz und gar missen. Einer aber hat diesen Bann durchbrochen und wenn nicht ein classisches, so doch ein gutes Griechisch geschrieben, der Historiker Johannes Cinnamus. „Mirum est, inter tot alios posterioris saeculi scriptores tumultuarie in dicendo scribendoque delirantes, hunc tantum sapuisse" — mit diesen Worten beschliesst Leo Allatius, der gelehrte Grieche des 17. Jahrhunderts, sein Urtheil über den Stil des Cinnamus[2]). Auch mag solcher Vorzug einem Mäcenas der Spätrenaissance Veranlassung gewesen sein, dass er einem Künstler aufgab, die Züge des Cinnamus zu finden und in Erz zu verewigen. Das bayerische Nationalmuseum in München bewahrt diese Broncebüste[3]), die uns ein Beweis ist der unbefangenen litterarischen Schätzung, welche das damalige Geschlecht selbst einem Byzantiner nicht vorenthielt.

Zustand der Ueberlieferung.

Das Geschichtswerk, auf das sich der Ruhm des Cinnamus gründet, führt den Titel: ἐπιτομὴ τῶν κατορϑωμάτων τῷ μακαρίτῃ βασιλεῖ καὶ πορφυρογεννήτῳ κυρῷ Ἰωάννῃ τῷ Κομνηνῷ καὶ ἀφήγησις τῶν πραχϑέντων τῷ ἀοιδίμῳ υἱῷ αὐτοῦ τῷ βασιλεῖ καὶ πορφυρογεννήτῳ κυρῷ Μανουὴλ τῷ Κομνηνῷ πονηϑεῖσα Ἰωάννῃ βασιλικῷ γραμματικῷ τῷ Κιννάμῳ[4]). Es behandelt

---
1) Lambros, Μιχαὴλ Ἀκομινάτου τοῦ Χωνιάτου τὰ σωζόμενα, Athen 1879/80, εἰσαγωγή p. 14 u. 37; II 505.
2) De Symeonibus diatriba, in Combefis, Origg. rerumque Constantinopolitarum manipulus, Paris 1664, p. 149 f.
3) Im 11. Saal des zweiten Stockes. Die alten Inventarien der Kunstkammer, der die Büste angehörte, geben, wie mir Herr Director v. Riehl gütigst mittheilt, keine Nachricht über ihre Herkunft. Die Zeit ihrer Entstehung setzt doch wohl den Druck des Geschichtswerkes voraus. Der erste ist von 1652.
4) Die Ueberschrift setzt wie die Einleitung Manuel als verstorben

dem entsprechend kurz (κατ' ἐπιτομήν, wie p. 5, 4 wiederholt wird) die Zeit des Kaisers Johannes, ausführlich aber und hauptsächlich die Kaiser Manuel. Leider ist der Schluss verloren; die Handschrift bricht mitten im Satz ab. Und nicht genug damit. Eine aufmerksame Prüfung hat uns im Text eine Reihe von Lücken wahrnehmen lassen, die zu der Annahme führen, dass das Werk, so wie es uns vorliegt, unvollständig ist.

Die Stellen, die dies darthun, sind folgende:

1. p. 21, 17. Manuel wird als der jüngste von den Söhnen des Johannes bezeichnet, ὥς μοι πολλάκις ἐρρέθη, ὕστατος. Diese Angabe findet sich aber zuvor nur einmal: p. 16, 9.

2. p. 61, 4. Von Andronicus wird gesagt: οἱ πολὺν ἐν τοῖς ἔμπροσθεν ἐποιησάμεθα λόγον. Er findet sich an keiner Stelle zuvor erwähnt.

3. p. 66, 15. Der Türke Solymas kennt die Unwiderstehlichkeit des Kaisers, ἐξότου, καθάπερ μοι δεδιήγηται, περὶ τὸν οὕτως Καλογραίας λεγόμενον βουνὸν τῷ Ῥωμαίων συμμίξας στρατῷ κατὰ κράτος ἡττήθη. Von diesem Kampf war p. 40 die Rede, aber nicht von dem türkischen Führer.

4. p. 95, 19. Sotas, ὃν πλούτῳ τε καὶ γένει καθάπερ εἴρηται διενεγκόντα ... es war noch nie von ihm die Rede.

5. 236, 15. Herzog Heinrich, der Manuels Nichte geheirathet hat, ὥσπερ ἤδη πολλάκις ἐρρήθη. Dieses ist das erste Mal.

Wie will man es erklären, dass eine Reihe von Angaben, auf die im Verlauf der Darstellung als auf früher bereits mitgetheilte verwiesen wird, gleichwohl im vorliegenden Text nicht zu finden sind? Die einfachste Annahme ist, dass der Schreiber der einzigen Handschrift, aus der wir schöpfen können, Stücke des Originals ausgelassen und so seine Vorlage gekürzt hat. Wie häufig dies geschehen ist und wie viel fehlt, ist ganz unmöglich zu sagen. Setzen wir einen Augenblick den Fall,

---

voraus. Das Beiwort ἀοίδιμος wird nur für Verstorbene im Sprachgebrauch dieser Zeit verwendet.

das Original von Anna Comnenas Alexias wäre verloren und wir hätten nur jene Epitome, von der früher die Rede war, so würden sich uns die Lücken, zumal das Excerpt geschickt hergestellt ist, nicht anders verrathen als bei Cinnamus. Im 6. Buch erwähnt der Epitomator der Alexias eine ἑτέρα συμβολή, wo er die erste übergangen hatte, und ein anderesmal liest man: ὁ τραῖλος ἐκεῖνος Μανιχαῖος, ὃν ὁ λόγος φϑάσας ἐδήλωσε[1]), indess man die Stelle, auf die verwiesen wird, vergeblich sucht. In den meisten Fällen aber ist es weit weniger leicht, eine Lücke zu erkennen. Der folgende Fall ist schon verwickelter. S. 10 erzählt Cinnamus, wie die Ungarn unter Kaiser Johannes Belgrad bis auf den Boden zerstört und die Steine zum Aufbau einer anderen Feste, Zeugmin, verwendet haben. Unter Manuel aber, fügt er hinzu, sei in wundersamer Vergeltung mit den Steinen von dem eroberten Zeugmin Belgrad von den Griechen wieder aufgebaut worden. Doch wolle er das erzählen, wenn er zu jenen Zeiten komme. In der That wird am gehörigen Ort (p. 114 f.) die Eroberung von Zeugmin durch die Griechen vermeldet, später auch wohl Belgrad erwähnt (131 und 214) und hierbei gesagt, dass dasselbe, καϑάπερ εἴρηται, aus dem zertörten Zeugmin neugebaut worden sei. Die Geschichte dieses Wiederaufbaus fehlt aber gänzlich. — Wenn wir selten in der Lage sind, Lücken im Text des Cinnamus bestimmt nachzuweisen, so hat dies noch einen besonderen Grund in einer schriftstellerischen Gewohnheit desselben, die dem Epitomator das Geschäft wesentlich erleichterte. Wenn nämlich Cinnamus ein Ereigniss erzählen will, erwähnt er sehr häufig zuerst kurz das Factum, um die Einzelheiten nachfolgen zu lassen. So p. 6: Der Kaiser zog gegen die Stadt Sozopolis und eroberte sie; „wie dies geschah, will ich jetzt erzählen". Es folgt die Beschreibung der Lage von Sozopolis: „so also lag die Stadt". Der Kaiser verzweifelt erst, sie einnehmen zu können; dann aber kommt ihm ein Gedanke, der ihm die Stadt und grossen Ruhm gewinnt: „welches diese List war, will ich sagen". Nun wird zum Schluss die

---

[1]) Bei Höschel p. 103, letzte Zeile und 110, 13.

Kriegslist beschrieben und die Einnahme der Stadt. Wenn der Epitomator sich mit der Hauptsache begnügt und die Anhänge weglässt, wer kann ihn controliren? Dass ein Epitomator nach einem bestimmten Princip verfahre, sich für gewisse Sachen interessire, andere als gleichgültig übergehe, kann gewiss vorkommen. Häufig aber entscheidet die blosse Laune und Bequemlichkeit des Schreibers. Vergleicht man z. B. die Epitome der Alexias mit dem Original, so findet sich erst am Schluss des ersten Buches ein grösseres Stück übersprungen $\delta\iota\grave{\alpha}\ \tau\grave{\eta}\nu\ \pi o\lambda v\gamma\varrho\alpha\varphi\acute{\iota}\alpha\nu$[1]; von da ab wird Strecken weit mit allem Detail und wörtlich abgeschrieben, dann eine Geschichte völlig ausgelassen, eine andere in wenige Sätze zusammengefasst. Die ersten 7 Bücher werden gleicherweise in der Epitome unterschieden; den Rest der Excerpte aber vom 8. bis 14. Buch drängt die Epitome in ein unförmlich langes 8. Buch zusammen, so dass von den 148 Seiten der Handschrift auf die ersten 7 Bücher 106 kommen, also durchschnittlich 15 auf jedes, 42 Seiten dagegen auf das eine achte Buch. Die Epitome bricht wie die Historien des Cinnamus mitten im Satz ab und enthält keine Excerpte aus dem Schluss des 14. und dem ganzen 15. Buch[2]).

Die 7 Bücher des Cinnamus sind von verschiedenem Umfang. Das vierte hat mehr als die doppelte Länge des ersten. Ist dies aber die ursprüngliche Eintheilung und Vertheilung? 7 Bücher giebt die Bonner Ausgabe. Du Cange in der Pariser Ausgabe von 1670 bloss 6 Bücher, der erste Herausgeber, Tollius[3]), gar nur 4, indem er vom 4. Buch ab keine Eintheilung mehr macht und dieses letzte Buch zu einer

---

[1]) Höschel p. 34. Auffallend vollständig ist die Geschichte des Italus am Ende des 5. Buchs.
[2]) Eine Epitome des Nicetas, die ich verglichen habe (Cod. Vat. gr. 981 fol. 145r), lässt das Proömium weg und überspringt die Büchergrenzen. So schliesst die Epitome die Bücher über Manuel ohne Unterbrechung an das über Johannes und geht von p. 289, 4 der Bonner Ausg. sofort zu 291, 5 über.
[3]) Jo. Cinnami historiarum libri IV, Utrecht 1652.

monströsen Länge sich ausdehnen lässt. — Die Erklärung dieser Unsicherheit wird uns die Handschrift nicht schuldig bleiben. Im Cod. Vat. gr. 163, der fünf historische Werke enthält[1]), nimmt Cinnamus 48 Blätter ein von fol. 221r bis 268v. Die erste Seite beginnt unter einem rothen, vom Kreuz und den Zeichen $\overline{IC}$ $\overline{XC}$ gekrönten Ornamentstreifen mit der Ueberschrift, die drei Zeilen füllt und gleichfalls mit rother Tinte ausgeführt ist. Am Ende der dritten Zeile stehen, unmittelbar an den Titel sich anschliessend, die in der Bonner Ausgabe fehlenden Worte: ἱστοριῶν λόγος α[2]).

Auf fol. 225r steht mit rother Schrift ῥωμαϊκῆς ἱστορίας βιβλίον δεύτερον. Ein Ornamentstreifen ist nicht vorhanden. Von hier ab findet sich keine Ueberschrift mehr. Dagegen fol. 235v, wo die Bonner Ausgabe das dritte Buch beginnt, ein rother Ornamentstreifen. Ebenso fol. 243r, wo die Bonner Ausgabe das vierte Buch beginnt, ein rother Ornamentstreifen.

Wo die Bonner Ausgabe ihr fünftes Buch beginnt[3]), hat die Handschrift fol. 253 v als einzige Unterscheidung eine leergelassene Zeile und auf fol. 260v, wo die Bonner Ausgabe das sechste Buch beginnt, gar nur ein Alinea.

Dagegen findet sich fol. 267v wieder ein rother Ornamentstreifen, und hier beginnt die Bonner Ausgabe ihr siebentes Buch.

Wir bemerken also, dass nur die zwei ersten Bücher als solche ausdrücklich bezeichnet und numerirt sind. Im übrigen sind dreimal durch rothe Ornamentstreifen Abschnitte gekenn-

---

[1]) Die Beschreibung der Handschrift bei Wilken, Rerum ab Alexio primo . . . . . gestarum libri IV, 1811, S. XVIII Anm. 17 ist nicht ganz zuverlässig.

[2]) Die rothen Initialbuchstaben der Handschr. sind willkürlich angewendet, oft bei Wörtern, die mitten im Satze stehen: z. B. fol. 235 r (= ed. Bonn. 86, 23) Τοῦ Ἀσιώτου oder fol. 229 v (= 54, 13) Τῷ Ῥωμαίων στρατοπέδῳ.

[3]) Der erste Satz des fünften Buches der Bonner Ausgabe steht indessen in der Handschr. diesseits der leergelassenen Zeile. Sie beginnt den neuen Abschnitt: ὁ δὲ βασιλεὺς . . .

zeichnet, und zweimal hat der Schreiber a linea begonnen ohne sonstige Unterscheidung. Diese kleinen Merkmale gewinnen nun dadurch eine gewisse Bedeutung, dass sie sich mit einer bestimmten Eigenthümlichkeit der Composition verbinden. Von den in der Handschrift nicht numerirten Büchern nämlich beginnt das dritte, vierte und siebente mit einer kleinen orientirenden Einleitung, das fünfte und sechste aber schliessen sich ohne eine derartige in Form einer Recapitulation erscheinende Auszeichnung ohne weitere Unterbrechung an die vorangehende Erzählung an. Nun sind aber die erstgenannten zugleich durch den rothen Streifen gekennzeichnet, die letzteren durch das blosse Alinea, was denn auch Du Cange veranlasst hat, statt dieser Alineas, die keine Anfänge bezeichnen, das fünfte und sechste Buch seiner Ausgabe an einer anderen Stelle beginnen zu lassen[1]). Es ergiebt sich uns daraus folgende Vermuthung.

Das fünfte und sechste Buch der Epitome, als welche wir den überlieferten Text des Cinnamus erkannt haben, hat nicht den ursprünglichen Buchanfang bewahrt. Ob — von dem verloren gegangenen Schluss abgesehen — die jetzige Zahl der Bücher und ihre Abgrenzung dem Original entspricht, kann in keiner Weise bestimmt werden[2]).

---

[1]) Das fünfte = 191, 7 ed. Bonn. ὀλίγῳ und das sechste = 248, 19 ed. Bonn. ἤδη δὲ καὶ . .

[2]) Ich will in dieser Anmerkung auf eine Anzahl Stellen aufmerksam machen, die theils fehler-, theils lückenhaft sind. 70, 11 scheint der Name des χαρτουλάριος Basilius zu fehlen, auf den 132, 3 zurückverwiesen wird. Es ist der Nicetas 65 genannte Basilius Tzintziluces. — 110, 23 die Stelle *Βαχχῖνον τὸν ἀρχιζονπάνον* ist verdorben. Der Archizupan ist gar nicht in der Schlacht und Bacchinus ist nur sein Feldherr (τοῦ κράλη στρατάρχης, wie er bei Prodromus heisst, Miller 763 v. 24). Der Name des serbischen Archizupan ist Uresis. — 117, 4 statt *Μπάνον* ist wohl ζουπάνον zu lesen wie 262. 21 und 274, 8. — 171, 4 die Erwähnung des Contostephanos ist ganz unvermittelt. — 204, 2 ist zum erstenmal von dem Serbenfürsten *Πριμίσθλαβος* die Rede, ὥσπερ μοι διδιήγηται πρότερον. Nun war aber p. 113 erzählt, wie von den zwei Brüdern Uresis und Dose der erstere zum Fürsten erhoben wird: ἀλλὰ ταῦτα μὲν ὕστερον. Weder diese Anticipation noch jener Rückverweis finden ihre Ergänzung. —

Composition.

Keine Untersuchung über Cinnamus leidet mehr unter der Einsicht, die wir gewonnen haben, als die über seine Compositionsweise. Denn wenn die Form verändert und verstümmelt ist, hat das Urtheil darüber eine unsichere Unterlage.

Man hat immer angenommen, dass die Anordnung des Cinnamus eine chronologische sei, und im allgemeinen ist dies auch richtig. Ja er scheint diesem Princip alles andere unterzuordnen.

Im zweiten Buch begegnet einmal diese Reihenfolge. Es wird die Absetzung eines Patriarchen erzählt; darauf geht der Kaiser nach Kleinasien, von wo er zurückgerufen wird durch die Kunde vom Herannahen der Kreuzfahrer. Hier folgt nun die Erzählung des Kreuzzuges. Mitten hinein geschieht der Neubesetzung des Patriarchats Erwähnung, so dass die zusammenhängende Schilderung im Interesse der chronologischen Anordnung durchbrochen wird. — Es steht aber dieser Wahrnehmung eine andere entgegen. Der Normanneneinfall, der zeitlich zum Kreuzzug gehört, ist des Zusammenhangs wegen in das folgende Buch verwiesen, wo von sicilisch-griechischen Verwickelungen gehandelt wird[1]). Wir bemerken somit zwei Tendenzen der Composition, die in einem gewissen Streit liegen.

Wenn Allatius schon bemerkt hat, dass Cinnamus seinen Stil ganz nach Procop gebildet habe, so erkennt man bald, dass das nämliche Verhältniss auch in den meisten anderen Fällen statthat. Die allgemeine Anordnung bei Procop blieb nicht ohne Einfluss auf Cinnamus. Das Compositionsprincip des Procop ist aber folgendes.

227, 17 muss statt πρωτονοταρίου πρωτοστράτορος gelesen werden in Uebereinstimmung mit p. 129, 18; 170, 5 und Nic. 128. — 235, 23 ist statt Πριμίσθλαβος Ἱερόσθλαβος zu lesen, was der Zusammenhang fordert. — 261, 10 ὅτε statt ὁπότε. — Dazu sind die doppelten Schreibarten Geitza und Jatza, Pungusa und Pusgusa correcturbedürftig.

[1]) Dabei ist es Cinnamus begegnet, dass er eine Episode des Normannenkriegs, ein Seetreffen, doppelt erzählt, 87 u. 101.

Die Menge der vielfach gleichzeitig neben einander herlaufenden Begebenheiten hat er nach den Orten, an denen sie sich zugetragen, gesondert und so zwei Bücher Perserkriege, zwei Bücher Vandalen- und vier Bücher Gothenkriege geschrieben. Jede dieser Abtheilungen ist als selbständiges Werk mit einer passenden Einleitung versehen, und zwar greift Procop für die Gothenkriege zurück bis auf Odovaker und Romulus Augustulus, für die Vandalenkriege gar bis auf die Reichstheilung des Honorius und Arcadius. Innerhalb dieser räumlich gesonderten Geschichtserzählung herrscht eine streng annalistische Ordnung. ὁ χειμὼν ἔληγε und das so und so vielte ἔτος ἐτελεῖτα τῷ πολέμῳ τῷδε oder Ἰουστινιανῷ βασιλεῖ τὴν αὐτοκράτορα ἀρχὴν ἔχοντι. — Dies sind stehende Wendungen in den Historien. Wenn nun auch Abweichungen von dieser leicht erkennbaren Ordnung sich finden oder die Einheit des Orts einmal gestört wird — wie denn z. B. der Nikaaufstand in Constantinopel an den Schluss des ersten Buches der Perserkriege angefügt ist, so tritt doch eine principielle Aenderung erst am Ende des dritten Buchs der Gothenkriege ein. Hier vermag Procop die Einheit des Orts nicht mehr festzuhalten und erklärt dann im nächsten Buch ausdrücklich, eine Trennung ἐπὶ χωρίων sei nicht mehr möglich, und dieses Buch werde eine ἱστορία ποικίλη enthalten.

Indem sich Cinnamus die Procopische Anordnung zum Muster nahm, ist er doch thatsächlich meist über die ἱστορία ποικίλη nicht hinausgekommen, sei es nun, dass sein andersgearteter Stoff die Schuld trägt, sei es, dass er ihn mit geringerer Geschicklichkeit angriff.

Ein zusammenhängender Abschnitt wird in der Regel angekündigt mit den Worten: ἐντεῦθεν τὰ τῶν Ἰσαυρικῶν, Σικελικῶν, Ἰταλικῶν πολέμων, τὰ ἐξ ἑσπέρας ἀρχὴν εὗρε[1]). Doch würde man sehr irren, wenn man nun in allen Fällen erwartete, ausschliesslich oder auch nur vorwiegend von den so angekündigten Dingen zu hören. Statt von sicilischen Kriegen ist im dritten Buch doch meist von Petschenegen-,

---

[1]) p. 16. 67. 89. 134.

Serben- und Ungarnkriegen die Rede, die hemmend in die sicilischen Unternehmungen eingegriffen und den Kaiser von seinem eigentlichen Angriffsobject abgelenkt haben. Erst nachdem diese Zwischenkämpfe erledigt sind, kommt, wie Cinnamus am Schluss des dritten Buches sagt, grösserer Zug in die italischen Kriege, die nun im vierten Buch ausführlich bis zu ihrem Ende erzählt werden, wonach die Darstellung zu den asiatischen Angelegenheiten übergeht. Ueberall kommt das chronologische Gefüge als die ursprüngliche Anlage zum Vorschein[1]; die zusammenhängenden Stücke, deren Einleitung und Abschluss sich nicht an die strenge Regel binden, stellen den Versuch einer kunstvolleren Verknüpfung dar. Wie denn also das zweite Buch mit Ereignissen der Jahre 1149 und 1152 schliesst, das dritte mit Geschichten von 1137 und 1139, 1143 und 1147 eingeleitet wird und Ereignisse bis 1156 umfasst, das vierte Buch wiederum von 1152 und 1154 ausgeht, ausführlich die italischen Kämpfe 1155/56 erzählt bis 1158 und so fort. Es ist bei dieser Sachlage bezeichnend, dass Cinnamus für sein Werk doch einmal den Ausdruck $\chi\rho o\nu\iota\kappa a\iota\ \dot{\upsilon}\pi o\vartheta\acute{\epsilon}\sigma\epsilon\iota\varsigma$ gebraucht (220, 22).

Nichts sollte sonach leichter sein, als die Ereignisse, die das so beschaffene Geschichtswerk erzählt, chronologisch festzustellen. Der Versuch dazu, der wohl unternommen worden ist[2], hat aber mit zweierlei Schwierigkeiten zu kämpfen.

Cinnamus bietet uns keine annalistische Datirung in der Weise des Procop[3]; für die Kriege erwähnt er nur die Jahreszeit, in der sie geführt werden. Durchaus geschieht die Weiterleitung der Erzählung mit Verbindungen wie: $\dot{\upsilon}\pi\grave{o}$

---

[1] Spuren davon auch in dem zweimal vorkommenden: dies geschah τὸ ἔτος ἐκεῖνο 121, 10 und 227, 15.

[2] v. Kap-Herr, Die abendl. Politik Kaiser Manuels, 1881, p. 132 ff. Regesten zur Geschichte Manuels.

[3] In dem ganzen Werk kommt nur eine Datirung nach den Regierungsjahren des Kaisers vor p. 276. Was sonst an Daten sich findet, ist folgendes: 21 Dauer eines Feldzuges, 29 Angabe der Regierungsdauer des Johannes. — 232 Andronicus 9 Jahre lang gefangen. — 256 der dogmatische Streit dauert 6 Jahre. — 29. 210. 240 Monatsangabe. — 159. 265 Ostern.

τοῦτον τὸν χρόνον, ὀλίγῳ ὕστερον, so dass chronologische Sicherheit häufig nur durch Combination mit anderen Zeugnissen zu erreichen ist. — Von einer Reihe gesetzgeberischer Massnahmen, die man durch die Ordnung, in welche sie eingegliedert sind, in die Jahre 1167 oder 1168 zu setzen veranlasst werden könnte, gehört eine nach ausdrücklicher Angabe zu 1158, eine andere zu 1166[1]).

Die grössere Schwierigkeit indessen dürfte darauf beruhen, dass die Continuität der überlieferten Thatsachen, auf welche die Möglichkeit einer sicheren chronologischen Erkenntniss sich stützen würde, durch die Kürzungen des Epitomators gestört und unterbrochen worden ist.

Zumal vom Ende des vierten Buches an, nachdem die asiatischen Geschichten noch in leidlichem Zusammenhang erzählt worden sind, ist im Vergleich zu den früheren Abschnitten jede Gliederung verwischt und unkenntlich geworden. Indess man erwartet, dass der Autor, wo er die Dinge miterlebt hat, d. h. in der zweiten Hälfte von Manuels Regierung, immer ausführlicher und reichhaltiger würde, schrumpfen die Nachrichten immer mehr zusammen, insbesondere vor dem Beginn des so bezeichneten siebenten Buches. Gegen die Breite der Schilderung des Türkenfeldzugs von 1146, die doch nur auf fremde Berichte gestützt sein kann, muss man die Thatsache halten, dass aus den Jahren 1173 und 1174 fast nichts erzählt ist. Da Cinnamus wiederholt betont, er wolle, was er nicht selbst gesehen oder nicht genau in Erfahrung gebracht habe, summarisch[2]), das andere aber eingehend erzählen, so weiss ich nicht, von wo sonst der Widerspruch dagegen herrühren soll, wenn nicht von der Verstümmelung des Werkes[3]).

---

[1]) p. 276 das Chrysobull für die Klöster der Hauptstadt. Die Novelle über die gerichtlich anerkannten Feiertage bei Zachariae, Jus graeco-rom. III 469.

[2]) In der Einleitung; auch p. 20, 20.

[3]) Von den cilicischen Angelegenheiten, über die Cinnamus 286 berichten will, scheint mir die Hauptsache ausgefallen und nur die einleitende Recapitulation stehen geblieben zu sein. Die hier genannten Statthalter

Quellen.

Durch seine Stellung (wovon später geredet werden soll) war Cinnamus in die Lage versetzt, über ein reiches und zuverlässiges Material zu verfügen. Man darf annehmen, dass seine Kenntniss sich vornehmlich von Mittheilungen aus Militärkreisen herschreibt; denn weitaus der grösste Theil seiner Erzählungen ist Kriegsgeschichte. Mit dem Kaiser selbst kommt er in persönliche Berührung, und wenn er erwähnt, dass er häufig mit ihm über Aristoteles gesprochen habe[1]), so wird dies nicht das einzige Gesprächsthema gewesen sein. Was er so erfahren hat, giebt er ausserordentlich gewissenhaft wieder; nicht selten, dass er bekennt, er wisse etwas nicht (οὐκ οἶδα, ἐρεῖν οὐκ ἔχω) oder nur unsicher (οἶμαι)[2]). Er hütet sich, seine Berichte zu bearbeiten, er combinirt nicht und scheint die ursprünglichen Notate unmittelbar in sein Geschichtswerk einzutragen. Manche Mittheilungen sind wie mündliche Rede, ungleichartiges aneinandergedrängt und unverschmolzen, dass man Wort für Wort lesen muss, um nichts zu verlieren. Was die Art des Erzählens an Kunst vermissen lässt, gewinnt sie an Unmittelbarkeit. — Einmal während eines Kampfes in Serbien (p. 105 ff.) haben die Vorposten das Herannahen eines grossen ungarischen Heeres gemeldet, das den Serben zu Hülfe ziehe. Man glaubt sich am Vorabend einer gefährlichen Schlacht, allerlei Listen werden angewendet, um den übermächtigen Feind zu täuschen. Liest man nun weiter, so ist nur von Verfolgung des zurückweichenden serbischen Heeres, von einer Schlacht mit dem ungarischen Heer aber kein Wort zu finden. Diese Art der Ueberlieferung ist der unmittelbare Niederschlag der aufgeregten, von falschen Ge-

---

kommen sämmtlich schon früher in Verbindung mit cilicischen Dingen vor: Michael Branas 178; Andronicus Phorbenus 227; Const. Calamanus 216.

[1]) p. 291, auch 172, 5.
[2]) p. 20, 20; auffallend ist, dass im ersten Buch der zweite syrische Feldzug des Kaisers Johannes unerwähnt geblieben ist.

rüchten erschreckten Stimmung im griechischen Lager. Es hängt damit zusammen, dass sich Bewegungen der Feinde nur unklar erkennen lassen, bei den Ungarnkriegen sowohl wie bei den Türkenkämpfen von 1146 und den italischen Zügen von 1156. Wie es in der Natur mündlicher Ueberlieferung liegt, ist das Detail reich, ja überreich, indess die Gesammtumrisse einer Begebenheit verschwimmen. Von dem Kaiser insbesondere wird fast in homerischer Weise jeder Lanzenschuss verzeichnet, seine vergoldete Rüstung, sein schweissgebadetes Pferd, dass er eine Nacht auf seinem Schild schläft, die Zahl der Gefangenen, die sich ihm haben ergeben müssen — keines von seinen Heldenstücken wird vergessen; ebenso finden sich aber von anderen kühne Thaten oder eine geschickt vollführte Kriegslist mit den Namen auch gemeiner Soldaten, die sich damit Ruhm erworben haben, aufbewahrt[1]), alles schliesslich, was irgend in der Lagerlegende eine Stätte sich erworben hatte. Berichte dieser Art werden an einander gereiht, Episode an Episode, und der Ausgang einer Unternehmung oft nur kurz in einem Satz angehängt[2]). Sind gar Berichte verschiedener Herkunft vereinigt, so ist es dem Leser überlassen, die Unklarheit zu beseitigen[3]).

Fällt somit vor allem anderen die Fülle des Stoffes und der breite, anschauliche, an Stellen wie die Jugendgeschichte Manuels fast episch zu nennende Vortrag ins Auge, der das einzelne nur lose zusammenflicht, so ist vielleicht die Ver-

---

[1]) p. 6. 45: vornehme Gefangene 6. 11. 40. 56. Eine ähnlich geartete Ueberlieferung bei Nicetas im cilicisch-syrischen Feldzug des Johannes.
[2]) z. B. das Ende der langen Belagerung von Corfu p. 101, 14. Nicetas ist ausführlicher über die Capitulation.
[3]) Ich habe hier besonders die italienischen Kämpfe im Auge (Buch IV); p. 147 wird von einem Vertrag erzählt, den die Stadt Monopoli eingegangen hat, sich zu ergeben, wenn sie binnen eines Monats keine Hülfe erhalte. Nichtsdestoweniger wird sie danach (p. 154—57) belagert, ohne dass jenes Vertrages gedacht würde. — Hase nennt die Erzählungsweise des Cinnamus „circonstanciée dans les petites choses, mais défectueuse dans les événements importants" (Not. et Extr. des mss. IX 2e p. 155).

muthung nicht ganz abzuweisen, dass Ueberlieferungen in poetischer Form benützt sind. Was die Geschichtswerke jener Zeit ausdrücklich davon erwähnen, sind meist Spottlieder oder Orakel in gebundener Form[1]). Historische Lieder wie aus den späteren Jahrhunderten, sogenannte τραγούδια, sind leider aus dem 12. nicht bekannt[2]).

Noch bleibt eine nicht unwichtige Frage zu erörtern. Von den Reden und Briefen, die in der Weise der alten Geschichtschreibung in die Erzählung eingeflochten sind, hat man gezweifelt, ob sie sei es auf glaubhaften Berichten, sei es auf urkundlichem Material beruhen oder ob dieselben ganz und gar als eine Erfindung des Schriftstellers anzusehen und danach zu schätzen seien. Aber diese Alternative der modernen Kritik ist doch wohl nicht richtig gestellt. — Der Begriff der urkundlichen Genauigkeit ist dem Wesen antiker Kunst fremd. Wenn schon Thucydides zwar in diesen Dingen nichts ohne historischen Grund und Boden erfunden, aber doch je nach

---

[1]) Nicetas p. 398, 19 bei der Plünderung von Thessalonike durch die Normannen sagt: εἰς ἰδικήν τινες ἀπέτεμον συγγραφὴν καὶ τὴν ἱστορίαν ἐς τὸ πολύστιχον ἐψακέλωσαν. Hiermit sind keineswegs Verse gemeint, sondern die Zeilen des Buches: sie haben viele Zeilen zur Geschichte zusammengebunden wie Reisig. Ein ähnlicher Gebrauch von πολύστιχον Miller, Lettres de Théod. Balsamon, Annuaire de l'assoc. etc. 1884 S. 11 Note 1. — Kurze Verse: Anna Comn. I 98. 406, II 159; Nic. 462; Zonaras IV 184. Zu erwähnen ist auch der Bilderschmuck in den Palästen der Vornehmen, der die Erinnerung denkwürdiger Thaten erhielt. Cinn. 266. 171.

[2]) Dass Geschichten des Andronicus im Lied fortgelebt hätten, hat Büdinger in seiner Schrift: Mittelgriechisches Volksepos, 1866, behauptet. Ebenda (p. 5) finde ich von Cinnamus gesagt: eine frühere Partie des Werkes, die von der Jugend des Andronicus wie des Kaisers Manuel handelte, scheint verloren oder von dem Autor selbst unterdrückt zu sein. — Das Gedicht vom Sohn des Andronicus, über welches Büdinger in jener Schrift handelt, ist nach der Auffindung des merkwürdigen Epos vom Digenis Acritas aus dem 10. oder 11. Jahrhundert von den Herausgebern zu diesem Cyclus gezogen worden (introduction p. XVII u. XLVI ff.). Doch hat Eberhard dem widersprochen (Verh. der 34. Philologenversammlung zu Trier p. 52).

den Umständen idealisirt hat[1]), so hat bekanntlich die spätere rhetorische Geschichtschreibung darin ein viel weiteres Gewissen. Cinnamus, der noch auf dem Boden der kunstmässigen Auffassung der Geschichtschreibung steht, würde sehr erstaunt gewesen sein über die Frage, ob seine Reden und Briefe wörtlich so geschrieben und gehalten worden seien, wie er sie giebt. Es sind rhetorisch ausgearbeitete Stücke, aber keine Phantasien[2]); fast alle beweisen mit ihrem dürftigen Apparat von Sentenzen und Phrasen, dass die Rhetorik nicht die Stärke des Cinnamus war. Am wenigsten kann man diesen Stücken anhaben mit der Behauptung, es werde darin gelogen. Denn wenn schon im allgemeinen politische Reden und diplomatische Acten nicht den Zweck haben, die Wahrheit zu fördern, so ist überhaupt der Unterschied dieser rhetorisch geschmückten Briefe und Reden von dem declamatorischen, orientalisirenden Stil und der dick aufgetragenen Verlogenheit, wie sie bei kaiserlichen Botschaften und im diplomatischen Verkehr der Zeit in den echten Documenten zu Tage treten[3]), kein allzu grosser. Auch darf man solche Stücke schon deswegen nicht einfach bei Seite schieben, weil wiederholt thatsächliche Angaben darin vorkommen, die als Bestandtheile der Ueberlieferung aufzufassen sind[4]).

---

[1]) W. Vischer, Ueber das Historische in den Reden des Thucydides im Schweiz. Museum 1839; zu Procop Dahn p. 88 ff.

[2]) Hätte er frei erfinden wollen, so müsste man sich wundern, welch' vortreffliche Gelegenheit er sich entgehen liess, seinen Gefühlen der Verachtung der Barbaren freien Lauf zu lassen. Ich meine p. 85, wo er den deutschen König, der krank nach Constantinopel zurückkehrte, einen kläglichen, demüthigen Brief hätte schreiben lassen können.

[3]) Bei den Verhandlungen zwischen König Konrad und Kaiser Johannes bemerkt Giesebrecht zu den „gedunsenen Phrasen" des deutschen Actenstücks: kein byzantinischer Höfling hätte dreister der Wahrheit in das Gesicht schlagen können, als es hier ein deutscher Schreiber im Auftrag seines Königs gethan hat. — Man sehe auch die Briefe bei Theiner und Miklosich, Monumenta spectantia ad unionem ecclesiarum gr. et rom., 1872.

[4]) So p. 230 in der Rede des Nicephorus Chaluphes an die Venetianer, auch wenn man die angeführten Thatsachen bezweifeln will,

Dass Cinnamus schliesslich sogar zu archivalischem Material Zugang gehabt hat, wird durch zwei Stellen wahrscheinlich gemacht. — Bei der Gesandtschaft, die 1155 an Friedrich Barbarossa geschickt wurde, kennt er die Instruction an die drei Gesandten, dass sie Friedrich, wenn er in Italien sei, zusammen aufsuchen sollten, andernfalls aber einer in Italien bleiben, und die anderen beiden weitergehen sollten (p. 135). Wo sie ihn thatsächlich gefunden haben, ob in Deutschland oder Italien (nach Otto Fris. gesta Frid. II 23 in Ancona), ist Cinnamus, wie es scheint, unbekannt geblieben. — Sodann heisst es p. 220, wo dem Papst Bundesverletzung und Untreue vorgeworfen wird: auch wenn er leugnen wolle, würden die Briefe, die er geschrieben, gegen ihn zeugen (αἱ βίβλοι κηρύττουσιν αἳ τὰ γράμματά σου τῷ ἐδαφίῳ μετεδέξαντο).

Im einzelnen Fall wird man es dem Takt des Historikers überlassen müssen, wie weit er sich die Benützung der besprochenen Stücke gestatten will.

Persönlichkeit des Verfassers.

Cinnamus ist, wie er selbst erzählt, erst nach dem Tod des Kaisers Johannes (1143) geboren. Da er von früher Jugend an den Kaiser Manuel auf seinen Feldzügen in Europa und Asien begleiten durfte, erscheint er bereits zwei Jahrzehnte nach dessen Thronbesteigung als Augenzeuge bei einer Belagerung im Ungarnkrieg, und zweifellos hat er an der Unglücksschlacht von Myriokephalon im Türkenkrieg in der Nähe des Kaisers Theil genommen[1]). Auch in der Umgebung von Manuels zweitem Nachfolger Andronicus wird sein Name einmal genannt, ja noch unter der den Comnenen nachfolgenden Dynastie der Angeli. Diese bisher unbeachtete Thatsache ergiebt sich aus dem Titel einer verlorenen Schrift, der Cinnamus,

---

wie v. Kap-Herr thut l. c. p. 81 Anm. 1; ferner p. 285 in dem Brief an Hieroslav.

[1]) Die beiden Stellen p. 192, 19 ff. und 207, 4 ff. beziehen sich auf diese Schlacht, deren Darstellung mit dem Schluss des Werkes verloren gegangen ist. — Die übrigen Stellen p. 4 f. 241, Nicetas 430.

wie dies auch die Ueberschrift seines Geschichtswerkes thut, als βασιλικὸς γραμματικός bezeichnet[1]). — Mehr wissen wir nicht vom Lebensgang des Johannes Cinnamus, und auch von seinem Titel nicht genau, was er bedeutet. Die Bezeichnung ὑπογραμματεύς findet sich häufig, und zwar für kaiserliche Kanzleibeamte, denen gelegentlich auch militärische und diplomatische Aufträge anvertraut werden[2]); βασιλικὸς γραμματικός aber selten[3]). Amt und Ressort ist aus dieser Bezeichnung nicht zu entnehmen. Jedenfalls gehörte Cinnamus zu den oberen kaiserlichen Beamten und sehr wahrscheinlich zur Militärverwaltung. Denn für nichts bekundet sein Geschichtswerk ein so lebhaftes und unermüdliches Interesse wie für Krieg und Soldaten. Dass ihm nie zu viel wird, Kämpfe mit all ihren Zwischen- und Wechselfällen bis ins kleinste zu schildern, ist bereits gesagt worden; die Art militärischer Signale, wie dann einmal auf einem nächtlichen Marsch die Beleuchtung eingerichtet wird, dies beschreibt er mit wissenschaftlicher Genauigkeit und aus einem künstlerischen Interesse, das er der Technik des Kriegswesens entgegenbringt. Ueberhaupt wird man durch ihn daran erinnert, dass die Zusammenstellung des Ceremoniells und der Gewohnheiten des Monarchen, die vom Kaiser Constantin Porphyrogenitus herrührt, die Vorschrift enthielt, in der Reisebibliothek des Kaisers sollten die Bücher der

---

[1]) Miller, Catalogue des mss. grecs de la bibl. de l'Escurial, 1848, p. 218. Ein altes Inhaltsverzeichniss giebt an fol. 546: τοῦ βασιλικοῦ γραμματικοῦ κυρ. Ἰωάννου τοῦ Κιννάμου λόγος εἰς τὸν αὐτοκράτορα κύρ. τὸν Ἄγγελον. Leider fehlt dieses Blatt mit den anderen, die den Schluss der Handschrift bildeten.

[2]) ὑπογραμματεύς bei Cinn. 19, 14. 69, 17 und 147, 1. Anna Comn. I 338, II 177 f.

[3]) Einen βασιλικὸς γραμματικὸς κυρὸς Γεώργιος Σκυλίτζης habe ich — und das ist das einzige Mal — in den Acten der Synode von 1166 gefunden bei Mai, Scriptorum veterum nova collectio IV p. 91. Millers Ansicht im Recueil II 125. Du Cange, Glossar s. v. γραμματικός p. 265 und append. 51. — Bei Schlumberger, Sigillographie de l'empire byzantin kommt die Bezeichnung nicht vor.

Taktik und Mechanik (wegen der Belagerungen) nicht fehlen[1]). Die altüberlieferten Grundsätze dieser Taktik sind noch für Cinnamus Massstab der Kritik. Wenn gleichwohl die Veränderungen im Heerwesen, die Kaiser Manuel so nachdrücklich in Angriff nahm und die auf nichts anderes abzweckten, als gewisse Elemente der Kampfweise der abendländischen Ritterschaft herüberzunehmen, den Beifall des Geschichtschreibers finden, so wehrt er sich um so entschiedener dagegen, dass mit den Einrichtungen auch die fremden Ideen Eingang fänden. Den abendländischen Ehrbegriff beispielsweise, der Flucht aus dem Kampf als Feigheit betrachtet, findet er unverständlich und schädlich. Denn wenn der Zweck des Kampfes doch der Sieg sei, so müssten die Mittel, mit denen er zu gewinnen sei, als gleichgültig gelten; ob man vorsichtigen Rückzug oder muthigen Angriff wähle, hänge lediglich von den gegebenen Umständen ab. — Die Erbitterung, dass das Eindringen solcher fremden Anschauungen dem Bestand der alten Tradition Gefahr bringe, stört mehr als einmal den ruhigen Fluss der Darstellung. Indem er den Heerführern seiner Zeit $\dot{\alpha}\mu\alpha\vartheta i\alpha$ $\sigma\tau\varrho\alpha\tau\eta\gamma\iota\varkappa\tilde{\omega}\nu$ vorwirft, findet er darin zugleich ein klägliches Zeichen des Niedergangs. Dass die militärische Kunst in Verfall gerathe, bringe die Dinge ins Unglück, und so schwinde der Patriotismus, und ein jeder denke nur an sich selbst[2]). Man muss diese Aeusserungen aus dem gelegentlichen Aerger und der Verstimmung eines alten Militärs begreifen; den Grundton bildet hier wie überall römischer Stolz und griechische Verachtung der Barbaren. Cinnamus ist darin ein Typus; der welthistorische Gegensatz kommt noch im 12. Jahrhundert zum lebendigen Ausdruck.

Nie werden die Byzantiner anders denn als Römer bezeichnet. Wenn es einmal von Aegypten heisst, es sei noch nicht lange her, dass es den Römern unterthan gewesen[3]),

---

[1]) Rambaud, L'empire grec an 10me siècle p. 64. Von militärischen Dingen spricht Cinnamus 52—56. 58. 90. 106. 110 f. 125. 159. 164 ff. 168 ff. 195. 259.
[2]) Besonders 259. 164 ff. Lob alter Mauerbauten 160 u. 164.
[3]) p. 278.

wobei die 500 Jahre und mehr, die seitdem verflossen sind, wie eine kurze Spanne Zeit erscheinen, so prägt sich darin die stolze Auffassung des Römers, auch des spätgeborenen, aus, dass es seit fast zwei Jahrtausenden nur noch römische Geschichte gebe. Der orbis romanus ist im Verlauf der Zeiten bald enger und bald weiter gewesen, aber in seinem Wesen ist er unveränderlich und begreift auch ausserhalb seiner thatsächlichen Machtsphäre keine Veränderung; nur das äusserliche, die Namen wechseln. Denn die Zeit, Cinnamus sagt dies wörtlich wie Procop, ändert die Namen und erfindet neue[1]); aber auch neben die gebräuchliche Bezeichnung liebt man es, die alte Nomenclatur zu setzen, und als solle die Zeit zurückgedreht werden, spricht der Historiker des 12. Jahrhunderts von Persern statt von Türken, von Hunnen statt von Ungarn, von Germanen, worunter er Franzosen versteht. Die Franken des Abendlandes sind ihm noch die germanischen Franken aus Procops Zeiten[2]). Die geographische und ethnographische Unwissenheit, die man den Byzantinern zum Vorwurf macht, hat ihren Grund zum guten Theil in der hochmüthigen Gleichgültigkeit gegen die Völker jenseits der Grenze[3]).

---

[1]) Cinn. 159, 11; Procop II 463, 1; Niceph. Bryennius 134: *ἰστρατοπέδευσε παρὰ ποταμὸν οὐκ οἶδ᾽ ὅπως ἀρχῆθεν καλούμενον διὰ τὸ ἀμειφθῆναι τῶν ὀνομάτων τὰ πλεῖστα*. Anna Comn. I 354, 3: *τούτους τοὺς Οὔννους Οὔζους ἡ ἰδιῶτις ἀπεκάλεσε γλῶσσα*.

[2]) Procop I 319: *Γερμανοὺς οἳ νῦν Φράγγοι καλοῦνται*. II 61. Ein archaistisches Bestreben ist auch bei Cinnamus die Doppelbezeichnung der Monatsnamen nach röm. und griech. Weise, 29 und 210.

[3]) Sathas, *Μνημεῖα Ἑλληνικῆς ἱστορίας* 1 préface p. VII Anm. 2 und XX 5; bei Cinnamus sind folgende geographische Irrthümer zu bemerken: p. 16 die Grafschaft Poitou (*Πετούη*) liege am jonischen Meerbusen. Wenn dies Miller (Recueil II 145) aus einer Verwechslung mit Padua erklären will, so steht dem die Nennung von Padua (p. 231 *Παταβία*) entgegen. Die Unsicherheit in der syrischen Geographie tadelt Miller, Rec. II 159 f. p. 105 ziehen sich die Ungarn an den Strymon zurück. Save und Donau werden verwechselt (p. 115), Dinge, die freilich auch der Textverderbniss zur Last gelegt werden können. 165: *Μάρκα πόλις*, womit die Marken am adriatischen Meer gemeint sind. — Aehnlich bei Nicetas 38 Verwechslung des Orontesthales mit Mesopotamien. Joh. Tzetzes verwechselt Aegypten und Syrien, Hart p. 9 Anm. 9. Die Kennt-

Denn hatten diese Völker nicht Land und Boden inne, der in irgend einem Zeitpunkt der früheren Geschichte den Römern unterthan gewesen? Weit entfernt, einen Zustand, den die Jahrhunderte bereits geheiligt hatten, anzuerkennen, fuhr das römische Staatsrecht fort, jene fremden Gewalten der Usurpation zu bezichtigen, wirft sich der Imperator zu Constantinopel, den Ansprüchen des römischen Papstthums wie des deutschen Kaiserthums entgegentretend, den von den Jahrhunderten abgebleichten und zerlöcherten Purpurmantel um die Schultern und führt im Mund die Sprache der Cäsaren. Ausführlich entwickelt Cinnamus diese legitimistische Doctrin [1]).

Constantin der Grosse habe den Papst zu Rom eingesetzt in seine Würde und die Residenz nach Constantinopel verlegt, ohne den Papst zu fragen. Sind aber nicht alle Kaiser von Constantinopel als Nachfolger Constantins auch die wahren Kaiser von Rom? Andere kann es nicht geben seit dem Tod des letzten Kaisers des Westreiches, Romulus Augustulus; noch immer wird der Standpunkt der justinianeischen Zeit und der Rechtsgrund der Gothenkriege festgehalten, dass nämlich alle Herrscher seitdem Usurpatoren gewesen seien wie Theodorich, τύραννοι im classischen Sinne des Wortes; die πολιτεία der Römer, sagte schon Procop (II 64), sei von Odovaker in eine Tyrannis verwandelt worden.

Indess aber Anna Comnena (I 63) dem die radicale Behauptung hinzufügt, mit Constantin hätten alle obersten Beamtungen, auch die geistliche Oberwürde, Rom verlassen, so dass der Patriarch von Constantinopel nunmehr als der oberste Hirt der Christenheit gelten müsse, giebt Cinnamus etwas nach,

---

nisse vom europäischen Westen scheinen nicht über die aus dem Alterthum überlieferten hinauszugehen. — Eine seltsame Notiz, die den Rhein betrifft, dass seine Fluthen nämlich den Kelten zur Unterscheidung echter Kinder von Bastarden als Gottesurtheil dienten, bei Theod. Prodromus (Miller, Rec. II 755 v. 49): 'Ρῆνον τὸν κρίνοντα τὰ νόθα, bei Michael Acominatus (τὰ σωζόμενα II 236) und in dem Commentar des Eustath zum Periegeten Dionys (Geographi graeci minores ed. Müller II 267 l. 47 ff.), woselbst in der Anmerkung die Schriftsteller des späteren Alterthums angeführt sind, von denen diese Notiz stammt.

[1]) p. 218—20. 229.

indem er die Befugniss zur Papstwahl, seitdem sich der Kaiser von Constantinopel nicht mehr darum bekümmert, als auf den erzbischöflichen Clerus und die bischöfliche Synode in Rom übergegangen ansieht. Aber hinter diesem Zugeständniss verbirgt sich ein neuer Angriff. Denn welche Gewalt immer in die also geübte Wahlhandlung eingreift — dies richtet sich gegen das deutsche Königthum —, sie erhebt die frevlerische Hand gegen das Kaiserthum und masst sich die ruhenden Rechte desselben an. „Wehe, wie die Herrschaft über Rom von Barbaren und Sklaven verschachert wird! Kein geistlicher Herr ist mehr dort und noch weniger ein weltlicher." Von dem Kaiserthron am Bosporus gesehen, erscheinen Friedrich Barbarossa und Papst Alexander III. als die grossen Revolutionäre, die den Frieden und die Macht des orbis romanus stören und brechen wollen.

Die Leidenschaftlichkeit und Beredsamkeit, mit der Cinnamus diese Gedanken verficht, hat nicht ihres gleichen in den übrigen Theilen des Werkes; man spürt, wie empfindlich das römische Selbstgefühl ist in diesem Cardinalpunkt, wie lebhaft es aufzuckt gegen jede Reizung an dieser Stelle.

Wir haben die Züge zu sammeln gesucht, die von der Berufsstellung und der Ueberlieferung allgemeiner Anschauungen, die man unbewusst übernimmt, dem Charakter aufgeprägt werden. Demnächst ist das persönlichere Wesen des Autors und sein schriftstellerischer Habitus, die sich doch keineswegs decken, ins Auge zu fassen.

Die Zurückhaltung des Persönlichen, die affectirte Ruhe und Gleichgültigkeit des Berichterstatters ist schon in der Einleitung berührt worden. — Cinnamus beschliesst die Erzählung eines dogmatischen Streites über die Natur Christi mit der Bemerkung, er sei immer der Meinung gewesen, Menschen sollten nicht über das Wesen Gottes forschen und grübeln. Procop sagt genau dasselbe[1]), und man würde sehr irren, wenn man die wahre Meinung des Schriftstellers darin ausgesprochen glaubte. Denn von dem Menschen Cinnamus ist

---

[1]) Cinn. 256, 12; Proc. 1 17.

anderweitig[1]) ausdrücklich bezeugt, dass er sich in heftigen Streit einlassen konnte über das nämliche Dogma, das der kühlen Ruhe des Historikers als unberührbar gilt. In dem Geschichtswerk giebt sich Cinnamus durchaus — die wenigen Ausnahmen sind bereits vermerkt und erklärt worden — als ruhigen, nüchternen Erzähler; die moralisirende Betrachtungsweise, das religiöse Pathos, worein Nicetas häufig verfällt, sind ihm fremd; von der Uebung, Reflexionen einzuflechten, macht er einen mässigen Gebrauch; vor allem, den Einwirkungen des Uebernatürlichen gegenüber ist er zurückhaltender als Nicetas. So lässt z. B. dieser in der Entscheidungsstunde der Petschenegenschlacht den Kaiser Johannes thränenden Auges das Bild der Gottesmutter anflehen, und siehe da! wie Moses durch seine ausgereckte Hand die Amalekiter, so wirft Johannes durch himmlische Hülfe seine Feinde zu Boden. Bei Cinnamus wird der Sieg auf natürlichem Wege erklärt: die normannische Garde haut mit ihren Beilen die Wagenburg der Barbaren auseinander[2]). — Gegen Schönfärberei verwahrt er sich wiederholt, da ihn denn sein ungeglättet kantiges Wesen, wie er sich ausdrückt, ungeschickt mache zum Schmeicheln; nicht das kleinste Wörtchen möchte er sagen, wenn er nicht frei reden und die Wahrheit sagen dürfe[3]). Eine Versicherung, die uns keinen Eindruck machen würde, da sie bei allen Historikern sich zu finden pflegt und selbst die Dichter die Wahrheit ihrer Geschichten zu verbürgen lieben — wenn nicht der Gesammteindruck des Werkes sie unterstützte. Es herrscht darin ein ehrlicher, soldatischer Ton, gegründet auf eine natürliche und unverhohlene Begeisterung für den Kaiser. Das besonders macht uns das Werk des Cinnamus merkwürdig, dass es einen unmittelbaren, unreflectirten Niederschlag der Zeitereignisse darstellt. Irren wir nicht, so sind die Materialien noch zu

---

[1]) Bei Nicetas 430. Sein Gegner war der Bischof Euthymius, der auch Cinn. 254 genannt wird. Die Disputation war so heftig, dass der Kaiser drohte, beide ersäufen zu lassen, wenn sie nicht aufhörten.
[2]) Cinn. p. 8; Nic. 22.
[3]) p. 172. 192.

Lebzeiten Manuels gesammelt und in Ordnung gebracht worden; nur die Einleitung, die später zugefügt sein mag, erwähnt ihn als verstorben. Das Werk des Nicetas beruht auf anderen Voraussetzungen. Wenn dieser überhaupt unbefangen ist und kühl, wo Cinnamus vom Glanz der Gegenwart geblendet ist, so zeigt sich zudem das Urtheil des Späteren anhaltend bedingt durch die furchtbare Katastrophe der Eroberung Constantinopels durch die Lateiner[1]). Dazu kommt der Unterschied der Begabung der beiden Geschichtschreiber. Nicetas hat mehr das Ganze im Auge und vertheilt sein Interesse auf alle Zweige des Staatslebens; was bei Cinnamus so sehr im Vordergrund steht, die Kriegsgeschichte nimmt bei Nicetas nur eben den im Rahmen des Ganzen ihr zukommenden Raum ein[2]). Es ist keine Frage, dass er an geistiger Bedeutung den Cinnamus weit überragt. Dieser ist vorwiegend militärisch, nüchtern und hat — alles in allem zu sagen — einen subalternen Horizont. Der Chef ist ihm alles[3]).

Der Kaiser kann alles und weiss alles. Was er immer thut, ist für Cinnamus Anlass zur Bewunderung. Die Würde der kaiserlichen Majestät und das Ueberragende der Persönlichkeit fliessen in diesem Spiegel zu einem blendenden Lichtbild zusammen. Unzählige Male wird die persönliche Tapferkeit und Ueberlegenheit des Monarchen geschildert; wenn er 16 jährig bereits mit Gefangenen zum Kriegslager zurückkam, so darf es nicht Wunder nehmen, dass er später 15 Feinde auf einmal niederwirft und allein gegen 300 ficht[4]); den Soldaten ist er ein Heros. Erstaunlich ist, wie das Gigantische der Erscheinung den moralischen Massstab menschlicher Handlungsweise in dem Geschichtschreiber ertödtet. Dass Manuel den

---

[1]) Um so beachtenswerther ist daher das trotz einiger Reservationen günstige Gesammturtheil des Nicetas über die Regierung Manuels.

[2]) Die Kriegsabenteuer von 1146 nehmen bei Cinnamus (Bonner Ausg.) 25 Seiten, bei Nicetas 1½ Seiten ein.

[3]) Dass Cinn. bloss Kaisergeschichte schreiben will, sagt er in der Vorrede, p. 4: τῶν ἄλλων καθάπαξ ἁπάντων καὶ ὅσα ἐς τὸν κοινὸν ἥκει τῶν ἀνθρώπων βίον τὴν ἀφήγησιν ὑπερβάντες δυεῖν ἔργα παραστησόμεθα βασιλέοιν.

[4]) p. 99. 110 f.

Auffassung der kaiserlichen Majestät. 101

ungarischen Prätendenten unterstützt, trotzdem er im Vertrag versprochen hat, ihn fallen zu lassen; das Wühlen der heimlichen Agenten gegen Friedrich Barbarossa, mit dem officiell ein gutes Einvernehmen gewahrt wird; im Inneren ein verblüffender Terrorismus gegen die hohe Geistlichkeit, den der Kaiser durch sein gleissnerisches Benehmen doppelt anstössig macht — dies alles wird ins virtuose gedeutet und mit antiker Unbefangenheit erzählt [1]). Dass der Kaiser durch seine Stellung berufen sei, über kirchliche Dogmen zu entscheiden, ist Cinnamus zweifellos; von den Fähigkeiten und der geistigen Bildung Manuels hat er zugleich die höchste Meinung: Theologie, Philosophie und Medicin hat er studirt; für die Krankheiten des Leibes hat der Kaiser neue Recepte, für die zweifelnden Geister neue Dogmen gefunden. Er erscheint als eine elementare Gewalt in seinem Thun wie Feuer und Wasser, manchmal erhält er das Beiwort δαιμόνιος, als wäre eine übernatürliche Kraft in ihm mächtig [2]).

Man kann sagen: wie das comnenische Jahrhundert in Manuel seinen begabtesten und glänzendsten Vertreter, so hat es in Cinnamus seinen vollkommenen und ehrlichen Gläubigen gefunden. Eben darauf beruht die grosse Bedeutung seines Geschichtswerkes, wie es nun auch erhalten sei.

Für die folgenden Jahrhunderte blieb es eine stolze und wehmüthige Erinnerung zugleich. Die Handschrift, worin sich

---

[1]) Die betreffenden Stellen p. 224—226, p. 228—231, p. 64 ff. und 253—255. Die entsprechende, sehr verschiedene Darstellung bei Nicetas 106 ff. 274 ff. Ueber den Sturz des Protostrators Alexius zu vergleichen Cinn. 265 ff. und Nic. 186 ff.

[2]) p. 298. 99. 108. 190. 240. Eustath bringt in der Grabrede auf Manuel ähnliche Gedanken. Theodorus Prodromus lässt den Kaiser seine Allseitigkeit rühmen, indem er sich der Worte des Apostels Paulus bedient (1. Cor. 9, 22), cod. Ven. fol. 27ᵣ v. 84:

τοῖς πᾶσι πάντα γέγονα πάντας κερδάναι θέλων·
τοῖς στρατιώταις στρατηγός, τοῖς ὑπηκόοις ἄναξ,
τοῖς μαχομένοις μαχητής, συμποίμην ταῖς ποιμέσι,
τοῖς δογματίζουσιν ὀρθῶς καὶ τοῖς ὀρθοτομοῦσι
τὸν λόγον τὸν τῆς πίστεως καὶ τὰ τοῦ μυστηρίου
συνδογματίζων εὐσεβῶς τὰ τῶν ὀρθοδοξούντων.

das Werk des Cinnamus befindet, hat an einer Stelle, wo der deutsche König die festen Mauern und Thürme der griechischen Hauptstadt bewundert, eine merkwürdige Randbemerkung durch einen späten Leser erhalten. Sie lautet so: "Wie Constantinopel einst befestigt war und in welchem Zustand es jetzt ist: wehe über dieses unsägliche, undenkbare, aller Beschreibung spottende Unglück! Denn jetzt, da ich diese Worte des Jammers schreibe, belagern die Türken die Constantinsstadt, und sie haben die Maschinen so nahe herangefahren, dass sie vom Graben nur zehn Fuss entfernt sind, und unaufhörlich beschiessen sie die Mauer mit Steinen, gross wie eine Wagenlast, und Leitern und Thürme haben sie zum Angriff bereit gemacht und von Stunde zu Stunde hoffen sie einzudringen. Wehe, geliebteste Vaterstadt, wie dich die Gottlosen schmählich verachtet haben und in Gefahr gestürzt! Aber schone unser, o Herr! Lass nach von deinem Zorn, Herr, erbarme dich, einziger, der du die Menschen liebst; errette uns von dem Bösen, das uns bedroht; denn auf dich allein hoffen wir."

Cod. Vat. gr. 163 fol. 233 r:

περὶ τοῦ κάστρου τῆς κωνσταντινουπόλεως, οἷον ἦν τότε καὶ οἷόν ἐστι νῦν. ὦ τῆς ἀνεκδιηγήτου καὶ ἀνεννοήτου καὶ ἀφράστου συμφορᾶς. ἡνίκα γὰρ ἐγὼ τὰ ἐλέεινα (!) ταῦτα ῥήματα ἔγραφον, Τοῦρκοι τὴν Κωνσταντίνου πολιορκοῦσι καὶ τὰς ἑλεπόλεις οὕτως ἐγγὺς ἤγαγον αὐτῆς, ὡς ἀπέχειν τῆς τάφου μόλις δέκα πόδας, καὶ τύπτουσι τὸ τεῖχος ἀδιαλείπτως διὰ τῶν καλουμένων σκευῶν — πέτραι δέ εἰσιν ἁμαξοπληθεῖς — καὶ κλίμακας καὶ πύργους παρεσκευάσαντο καὶ προςδόκιμοί εἰσι καθ' ἑκάστην ὥραν ἑλεῖν αὐτήν. οἴμοι, φιλτάτη πατρίς, τοῦ κινδύνου καὶ τῆς περιφρονήσεως, ἣν ὑπὸ τῶν ἀσεβῶν κατεφρονήθης· ἀλλὰ φεῖσαι, κύριε· ἄνες, κύριε· σπλαγχνίσθητι, μόνε, φιλάνθρωπε· ἐξελοῦ ἡμᾶς τῶν προςδοκωμένων κακῶν, ὅτε ἐπὶ σὲ μόνον τὰς ἐλπίδας ἔχομεν.

Beilage.
Bemerkungen über Nicetas Acominatus.

Als eine auffallende Thatsache muss man es verzeichnen, dass das Werk des Cinnamus von den nachfolgenden Geschichtschreibern byzantinischer Dinge nicht nur nicht benützt worden, sondern auch nicht gekannt ist. Nicetas, der wenig jüngere Zeitgenosse des Cinnamus, erklärt in der Einleitung seines Werkes, keiner habe vor ihm die Geschichte seit dem Tod des ersten Comnenen Alexius geschrieben[1]). Ueber die Gründe dieser Erscheinung kann man nur Vermuthungen hegen, und die wahrscheinlichste ist, dass Cinnamus, der auch unter Andronicus Comnenus wie unter der neuen Dynastie der Angeli im Dienst der Regierung verblieb, Ursache hatte, seine Begeisterung für den grossen Manuel Comnenus zurückzuhalten.

Leben, schriftstellerische Thätigkeit und Bedeutung des Nicetas zusammenhängend zu schildern, wird eine dankbare Aufgabe sein, wenn erst die handschriftliche Grundlage des Geschichtswerkes einmal revidirt worden ist[2]). Wir begnügen uns, zu dieser künftigen Arbeit einige Anmerkungen zur Verfügung zu stellen.

Die Familie der Acominati stammt aus Chonae in Kleinasien, der aus der Zeit der Apostel berühmten Stadt der Colosser. Der ältere Bruder des Nicetas, Michael, empfing seinen Namen nach dem Schutzpatron ($\pi o \lambda i o \tilde{v} \chi o \varsigma$) der Stadt, dem Erzengel Michael, der hier vor Zeiten ein grosses Wunder

---

[1]) Nic. p. 7. Die Behauptung von Marczali, Ungarns Geschichtsquellen p. 134, dass Nic. den Cinnamus benützt habe, ist sehr voreilig.

[2]) Bemerkungen dazu von Miller, Rec. des hist. grecs II 131 f. — Ein russisches Buch über Nicetas von Uspenski (Petersburg 1874) kenne ich nicht. 7 Reden des Nicetas aus der nachmanuelischen Zeit hat Sathas veröffentlicht, $M\varepsilon\sigma\alpha\iota\omega\nu\iota\varkappa\acute{\eta}$ $\beta\iota\beta\lambda\iota o \vartheta\acute{\eta}\varkappa\eta$ I (1872) p. 71—136. Ein Versprechen, das Sathas ebenda, $\pi\rho\acute{o}\lambda o\gamma o\varsigma$ p. 18, gegeben, ist noch nicht erfüllt. — Diese Reden sowie eine weitere im Recueil des hist. rel. à l'hist. des croisades, hist. grecs II 737 ff. gedruckte sind dem nämlichen Codex der Marcusbibliothek entnommen, der auch die Gedichte des Prodromus enthält (Marc. gr. cl. XI cod. XXII). Von dem theologischen Werk des Nicetas war bereits die Rede.

gewirkt hatte[1]). Er wurde später zum Erzbischof von Athen erhoben; seine Schriften sind neuerdings gesammelt worden[2]). Unter diesen befindet sich auch eine, die Hauptquelle für die Lebensgeschichte des Nicetas, eine Monodie auf den Tod des jüngeren Bruders, worin er der gemeinsamen Studien in Constantinopel, der Carrière des Bruders und ihrer Unterbrechung durch die Regierung des „Tyrannen Andronicus"[3]), sowie der übrigen Lebensumstände mit einiger Ausführlichkeit gedenkt. Vor allem wird die Frömmigkeit des Bruders sehr gepriesen, und auf seine emsige Fürsprache vor dem höchsten Richter will Michael für sich grosse Hoffnung setzen[4]). Auch findet sich hier eine chronologische Angabe, mit der man geglaubt hat, das Todesjahr des Nicetas bestimmen zu können. Da nämlich Michael von sich sagt, vor 30 Jahren und mehr sei er nach Athen versetzt worden, und des weiteren eine Inschrift auf einer Säule des Parthenon 1182 als Todesjahr des Metropoliten Georg Xeros nennt, so ist angenommen worden, Michael sei ihm nachgefolgt in dieser Würde, und das Todesjahr des Nicetas sei nach 1212 — wie Lambros annimmt: 1214 oder 1215 — anzusetzen[5]). Aber diese Berechnung ist sehr anfechtbar und unsicher. Die von Sathas veröffentlichten Reden des Nicetas

---

[1]) Den Gedenktag dieses Wunders, 6. September, liess auch Manuel bei der Revision der Feiertage als halben Gerichtsfeiertag bestehen. Zachariae, Jus gr.-rom. III 474. Die Beschreibung des Wunders kann man in den Menologien nachlesen; auch die Veränderung des Namens der Stadt wird damit in Verbindung gebracht.

[2]) Ellissen, Michael Acominatus 1846; Lambros, $M\iota\chi\alpha\dot\eta\lambda\ \text{'}A\chi o\mu\iota\nu\acute\alpha\tau o\upsilon\ \tau\grave\alpha\ \sigma\omega\zeta\acute o\mu\varepsilon\nu\alpha$ 2 B. Athen 1879/80.

[3]) § 13: Nicetas zieht vor, $\pi\acute\upsilon\rho\rho\omega\ \text{ἵ}\sigma\tau\alpha\sigma\vartheta\alpha\iota\ \varDelta\iota\grave o\varsigma\ \varkappa\alpha\grave\iota\ \varkappa\varepsilon\rho\alpha\upsilon\nu o\tilde\upsilon$. Die Monodie bei Lambros I 345—366; auch bei Migne, Patrol. gr. vol. 140. Die lateinische, sehr freie Uebersetzung ist mehrfach gedruckt.

[4]) Das entsprechende Compliment für Michael Nic. p. 800.

[5]) Die Stelle § 36: $\dot\varepsilon\mu\grave\varepsilon\ \tau\grave o\nu\ \dot\varepsilon\varkappa\varepsilon\tilde\iota\sigma\varepsilon\ \pi\varepsilon\varphi\upsilon\tau\varepsilon\upsilon\mu\acute\varepsilon\nu o\nu\ \tau\grave\alpha\ \pi\rho\tilde\omega\tau\alpha\ \pi\rho\grave o\ \delta\varepsilon\varkappa\acute\alpha\delta\omega\nu\ \dot\varepsilon\tau\tilde\omega\nu\ \tau\rho\iota\tilde\omega\nu\ \varkappa\alpha\grave\iota\ \upsilon\pi\varepsilon\rho\acute\varepsilon\varkappa\varepsilon\iota\nu\alpha$. Lambros II 539 und 545; $\alpha\ddot\iota\ \text{'}A\vartheta\tilde\eta\nu\alpha\iota\ \varkappa\tau\lambda$. p. 20 ff. Ellissen rechnet vom Zeitpunkt der Vertreibung Michaels aus Athen zurück.

gehen nicht weiter als 1210; er sei noch im besten Mannesalter gestorben, sagt Michael[1]). — Ich schliesse hieran eine Bemerkung anderer Art über ein Gedicht von der Eroberung von Constantinopel durch die Lateiner, welches sich auf Nicetas als seinen Gewährsmann beruft, ihm aber doch nicht so ausschliesslich folgt wie z. B. die Kaiserchronik des Ephraim[2]). Das Gedicht und die Chronik sind für eine Sammlung der Geschichtschreiber der Kreuzzüge gleich überflüssig. In seiner vollständigen Gestalt enthält das Gedicht Verlust und Wiedereroberung von Constantinopel (1261), eine Reihe von Wundergeschichten und schliesst mit dem Regierungsantritt des Kaisers Andronicus Palaeologus, der verspricht, die Gemeinschaft mit der römischen Kirche abzubrechen. Es ist 1392 geschrieben[3]). Was für die Zeit vor dem vierten Kreuzzug darin enthalten ist, stammt der Hauptsache nach aus Nicetas, einiges aber, wie die Flucht Alexius III. nach Mosynopolis und die Blendung des Murzuphlus, aus Georg Acropolita, so dass das Gedicht für diese Zeit als Geschichtsquelle nicht in Betracht kommt, und der verstümmelte Abdruck im Recueil nur in die Irre zu führen geeignet ist.

---

[1]) § 39 f.: ὠμογέρων und καθεστηκώς. Die Rede an Theod. Lascaris Sathas I 129 ff.

[2]) Man kann sogar mit Ephr. v. 3944 den Namen der Stadt Istrion bei Nic. 38, 17 in Νίστριον emendiren, was von Miller, Rec. II 172 bestätigt wird. — Ueber die Benützung des Zonaras durch Ephraim Hirsch, Byzant. Studien S. 391 ff.

[3]) Vollständig veröffentlicht von Müller, Byzantinische Analecten in den S.-B. der Wiener Akad. phil.-hist. Kl. 1852 p. 366—389. Ein Theil im Recueil des hist. grecs I 647 ff., woselbst v. 209 ausgefallen ist; auch sonst theilweise gedruckt. Die Berufung auf Nicetas v. 279 ff. Die Zeit der Abfassung nach v. 752 ff. 131 Jahre nach der Wiedereroberung von Constantinopel.